职业教育课程改革实用型教材

汽车电工电子技术与技能

主　编　伦洪山　李一峰　周宝誉

副主编　陈绳浩　卢杰全　黄启敏

参　编　冼　钢　黄龙停　黄善美

　　　　张高胜　潘　昌　刘源劲

　　　　周诚计　甘晓霞　丁　宏

　　　　周　莹　李　洋　陈海旋

电子工业出版社

Publishing House of Electronics Industry

北京·BEIJING

内 容 简 介

本书依据教育部颁布的《职业院校汽车专业教学标准》编写。全书共 8 个项目,主要包括触电急救、安装电气照明电路、安装电动机控制线路、制作直流稳压电源、安装倒车报警器、组装熄火报警器、组装声光控节电开关、制作变音警笛电路。

本书针对汽车专业的特点,以应用为主线,紧扣汽车专业所需电工电子技术,加强技能训练,突出“做中学、做中教”的职业教学特色;以项目的形式呈现,以大量任务实例驱动,结构新颖,条理清晰,重点突出,兼顾课堂教学和自学的需要。本书既可作为职业院校汽车类专业的教学用书,也可作为汽车行业和企业技术工人的培训教材与自学参考书。

图书在版编目(CIP)数据

汽车电工电子技术与技能 / 伦洪山,李一峰,周宝誉主编. —北京:电子工业出版社,2016.9

ISBN 978-7-121-29415-0

Ⅰ. ①汽… Ⅱ. ①伦… ②李… ③周… Ⅲ. ①汽车—电工技术—中等专业学校—教材②汽车—电子技术—中等专业学校—教材 Ⅳ. ①U463.6

中国版本图书馆 CIP 数据核字(2016)第 165697 号

策划编辑: 郑　华
责任编辑: 郑　华
印　　刷: 北京七彩京通数码快印有限公司
装　　订: 北京七彩京通数码快印有限公司
出版发行: 电子工业出版社
　　　　　北京市海淀区万寿路 173 信箱　邮编　100036
开　　本: 787×1 092　1/16　印张:10.5　字数:269 千字
版　　次: 2016 年 9 月第 1 版
印　　次: 2025 年 8 月第 11 次印刷
定　　价: 29.80 元

凡所购买电子工业出版社图书有缺损问题,请向购买书店调换。若书店售缺,请与本社发行部联系,联系及邮购电话:(010)88254888,88258888。

质量投诉请发邮件至 zlts@phei.com.cn,盗版侵权举报请发邮件至 dbqq@phei.com.cn。

本书咨询联系方式:(010)88254888,3253685715@qq.com。

前　言

为了配合教育部"十三五"期间"聚焦内涵建设"的新一轮职业教育教学改革，发挥我校作为第一批国家教学改革示范校的示范作用，针对职业院校汽车类专业的特点，结合岗位需求和编者多年教学经验，深化汽车电工电子技术课程改革，特编写本书。书中内容完全按照项目形式进行编排，以"够用、实用"为原则，将知识点融入 8 个项目中，每个项目以任务引领知识学习。在每个任务中又分别通过任务描述、任务分析、知识储备、任务实施、任务评价等模块，循序渐进地引导学生进入明确任务、分析任务、学习知识、完成任务、学习评价等学习环节，让学生感受到学习的乐趣，增强了学习的目的性和趣味性。

本书是职业教育课程改革实用型教材，注重了学生能力综合性的培养，图文并茂，增加了大量清晰的简图和图片，文字叙述力求深入浅出、通俗易懂、表达准确，内容安排上注意项目和任务的实用性、可行性和科学性。

本书由伦洪山、李一峰、周宝誉担任主编，陈绳浩、卢杰全、黄启敏担任副主编，冼钢、黄龙停、黄善美、张高胜、潘昌、刘源劲、周诚计、甘晓霞、丁宏、周莹、李洋、陈海旋参与了部分任务的编写、校对和整理工作。另外，本书在编写过程中得到了兄弟院校多位老师的帮助，并参考了大量的书籍，在此谨表示诚挚的谢意。

为配合教学，本书配有电子教案、课件。

由于时间仓促，书中难免存在差错与疏漏，敬请各位读者提出批评、建议和意见（邮箱：175037342@qq.com），以便进一步完善教材。

编　者

目 录

项目一

触电急救

项目描述

电促进了人类社会的繁荣发展，是人们日常生活和工作中不可缺少的能源。在用电过程中，如果有人不小心或操作不慎，就会因触电事故而身亡，工作单位、家庭如果疏忽大意就会造成电气火灾。这些事故原因都直接或间接地与缺乏用电常识和电气知识有关。

本项目是通过开展模拟触电急救练习，学习安全用电知识、认识常用电工工具和掌握触电急救技能。

具体内容

1. 某同学在模拟低压触电现场单相触电，要求两名同学用正确的绝缘工具，使用安全快捷的方法使触电者脱离电源。

2. 对已脱离电源的触电者（模型）采用胸外心脏按压急救法和口对口人工呼吸法进行抢救。

3. 安全文明操作规程。

项目学习目标

1. 知识目标：了解安全用电的基本知识，掌握正确使用电工工具、连接导线和触电急救的方法；熟悉电工电子实训室和汽车企业安全操作规程。

2. 能力目标：能正确使用电工工具和连接导线；会采取正确的措施进行触电急救。

3. 素质目标：通过安全用电知识的学习，使学生懂得严格遵守国家规定的标准和规程的重要性，杜绝违章操作，增强安全防范意识。

任务一　认识实训室

一、任务描述

　　"汽车电工电子技术与技能"是一门理论和实践结合非常紧密的课程，我们在学习理论的同时，必须要进入实训室实训（如图1-1所示），将来还要进入汽车企业实习或工作（如图1-2所示）。所以，必须先要学习和了解实训室和企业的安全规则和安全措施，预防触电，掌握正确的触电急救方法，以预防事故的发生。

　　请查阅和搜集实训室和企业安全规则，试述中等职业学校电工电子实训室和汽车修理厂电工安全操作规程。

　　图1-1　电工电子实训室实训

　　图1-2　汽车企业维修实训

二、任务分析

　　实训室是学生和教师进行研究、实训的场所，汽车企业是汽车专业学生将来实习或工作的场所。如果实训或实习时，对设备维护或使用疏忽、不当，极有可能发生安全事故，导致人员伤亡，造成财产损失。因此，学习必要的用电安全技术，认真执行有关各项用电安全规程是十分必要的。

三、知识储备

（一）安全操作规程

　　安全操作规程，一般是指有权部门为保证本部门的生产、工作能够安全、稳定、有效运转而制定的，相关人员在操作设备或办理业务时必须遵循的程序或步骤。包括：操作步骤和程序，安全技术知识和注意事项，正确使用个人安全防护用品，生产设备和安全设施的维修保养，预防事故的紧急措施，安全检查的制度和要求等。

为了防止事故发生，中职学校、企业都制定了相应实训、生产的安全操作规程，都把安全生产教育放在第一位。一般来说，同类实训室、同类企业、相同工种、同种设备的安全操作规程基本大同小异。

（二）触电方式

当人体的某一部位接触到带电的导体或触及绝缘损坏的用电设备时，电流通过人体而造成伤害，就是触电。根据伤害程度的不同，可分为电击和电伤两种类型。我国规定 36V 以下为安全电压，当通过人体的电流超过 50mA 时，便会导致死亡。常见的触电形式有单相触电、两相触电、跨步电压触电，如图 1-3 所示。

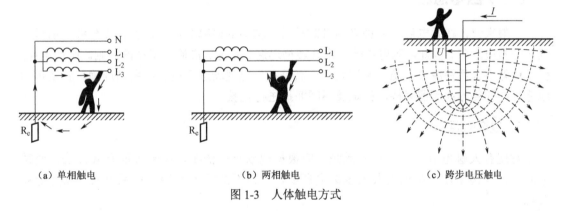

（a）单相触电　　　　（b）两相触电　　　　（c）跨步电压触电

图 1-3　人体触电方式

常见的触电防范措施主要有规范用电设备安装、规范使用漏电保护装置、电气设备保护接地和电气设备保护接零等。图 1-4 为保护接地原理图，图 1-5 为保护接零原理图。

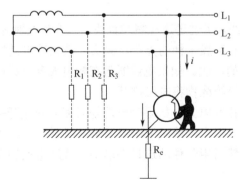

图 1-4　保护接地原理图

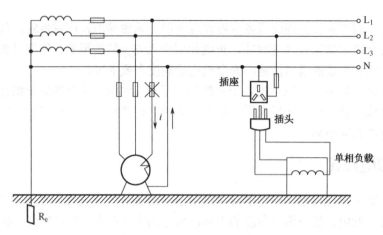

图 1-5　保护接零原理图

（三）触电急救

　　一般来说，在触电后 1 分钟之内及时抢救，救活的概率非常高，若在 6 分钟以后再去救人则希望渺茫。因此，触电急救一定要遵循迅速、就地、准确、坚持的原则。所谓迅速，就是使触电人尽快脱离电源；所谓就地，就是在触电现场进行抢救；所谓准确，就是正确地施行心肺复苏；所谓坚持，就是要不间断地进行抢救。

1. 脱离电源

　　发现有人触电后，千万不能慌张。应根据现场具体情况，果断采取有效方法，使触电人尽快脱离电源。在触电人未脱离电源前，千万不能用手直接去拉触电人，以防抢救人触电。

　　使触电人脱离电源的方法：

　　（1）断开电源开关或拔掉插销。触电现场或邻近如果有开关或插销，应迅速断开开关或拔掉插销，切断电源。

　　（2）砍断电源侧的电线。经过迅速观察与查找，如果触电现场或邻近没有开关或插销，可用带绝缘柄的电工钳或有干燥木柄的斧头、锄头、铁锹等工具将电源侧的电线砍断。

　　（3）挑开触电人身上的电线。如果电线断落在触电人身上或压在触电人身下时，可用干燥的木棍、竹竿、扁担等绝缘物将电线挑开。

　　（4）采取安全措施去拉触电人。如果触电现场或邻近既无开关、插销，抢救人身边又无工具，则可站在干燥的木板上，或戴上干燥清洁的线手套，或用干燥的衣服、帽子等物将抢救人的一只手包住，然后用包住的这只手单手去拉触电人的干燥衣服。严禁用两只手去拉。

　　（5）高处触电。触电人在电杆上触电时，可拉开线路出线开关，或由抢救人登杆，系好安全带，用带绝缘柄的电工钳将电线剪断，使触电人脱离电源。

2．现场救护

触电伤员呼吸或心跳均停止，应立即采取正确的心肺复苏法进行就地抢救。心肺复苏法主要是口对口（鼻）人工呼吸和胸外心脏按压。

（1）只进行口对口（鼻）人工呼吸，适用于有心跳但无呼吸的触电者。救护方法是：让病人仰卧于平地上，鼻孔朝天颈后仰，首先清理口鼻腔，使气道畅通，然后松扣解衣服，捏触电者鼻子吹气要适量，排气应让口鼻通畅。吹两秒停三秒，五秒一次最佳。图 1-6 所示为口对口（鼻）人工呼吸的正确姿势。

图 1-6　口对口（鼻）人工呼吸的正确姿势

（2）只进行胸外心脏按压，适用于有呼吸但无心跳的触电者。救护方法是：让病人仰卧于硬地上，松扣解衣服，当胸交错放掌，中指应该对凹膛，掌根用力向下按，压力轻重要适当，压下半寸至一寸然后突然放松，手掌根不能离开按压部位。按压速度要均匀，每分钟 80 次左右，每次按压和放松的时间相等。图 1-7 所示为胸外心脏按压的步骤和正确姿势。

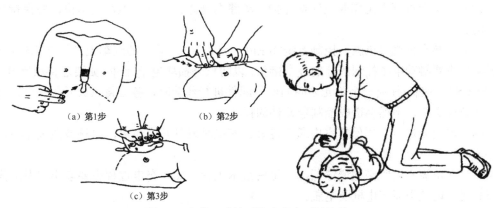

（a）第1步　　　（b）第2步
（c）第3步
图 1-7　胸外心脏按压的步骤和正确姿势

（3）同时采用口对口（鼻）人工呼吸和胸外心脏按压，适用于呼吸、心跳均已停止的触电者。救护方法是：先口对口（鼻）吹气两次（约 5 秒内完成），再做胸外心脏按压 15 次（约 10 秒内完成），以后交替进行。

四、任务实施

步骤1：收集资料。实地考察中职学校电工电子实训室和汽车企业维修车间，找到相应的安全操作规程；也可以通过上网查阅，收集电工电子实训室安全操作规程和汽车修理厂汽车电工安全操作规程。

步骤2：电工电子实训室安全操作规程。

（1）凡在实训室上课的人员，必须配带和使用电工安全防护用品，否则取消其实验、实习、实训等资格。

（2）凡在实训室上课的学生必须按照电工规范文明操作，未经允许，不准擅自动用仪器、仪表、电器开关、电源控制柜等设备，未经老师许可不准私自通电试车、测试。因违反规程造成事故者，由制造事故者本人承担全部责任。

（3）正确使用电工工具及仪器、仪表，因违反操作规程而造成仪器、仪表损坏的，要照价赔偿，故意损坏设备者加倍处罚。

（4）在通电测试数据、检修过程中，必须双脚踩在绝缘垫上，同时穿好绝缘鞋，以防触电。

（5）凡在实训室上课的学生，必须提前预习，熟悉电路图及操作步骤和注意事项。

（6）安装电路时，力求节约用线，防止浪费原材料。

（7）正确使用仪器、仪表，不准随意改动线路。

（8）课程结束后，必须检查实训设备是否完好，并切断所有电源。

步骤3：汽车修理厂汽车电工安全操作规程。

（1）工作前应备齐工具并检查其是否完整无损，技术状态是否良好。

（2）在车上进行电工作业应注意保护汽车漆面光泽、装饰、地毯及座位，并保持车辆的整洁。

（3）在装有微机（电脑）控制系统如EFI（或ECCS）系统的汽车上进行电工作业时，如无必要不要触动电子控制部分的各个接头，以防意外损坏电子元件。如要连接或断开EFI（或ECCS）系统与任何一个单元之间的电气配件进行作业时，务必将点火开关关闭，并拔掉电瓶负极插头，不然会造成控制器元件的损坏。

（4）电瓶充电时，要保持室内通风良好。充电时要打开电池盖，电解液温度不得超过45℃。

（5）新电瓶充电时必须遵守两次充足的技术规程。如在充电过程中要取出电瓶应先将电源关闭，以免损坏充电机及电瓶。

（6）进行空调系统作业时，应在通风良好处。排除氟时应缓慢，防止冷冻机油一起冲出，同时不能与明火及炙热金属接触。

（7）添加处理氟操作时要戴护目镜，谨防氟溅入眼内或溅到皮肤（如不慎溅入，立即用冷水或20%的稀硼酸冲洗），防止将皮肤冻伤。

（8）装氟钢瓶搬运时严防振动、撞击，避免日光暴晒，同时应储放在通风干燥的库房中。

五、学习任务评价

将本次学习任务的评价填写在表 1-1 中。

表 1-1　学习任务评价表

姓名：＿＿＿＿＿＿＿　　班级：＿＿＿＿＿＿＿＿　　实训日期：＿＿＿＿＿＿＿

任务名称						
评价项目	内　　容	评价标准	配分	自评	组评	师评
应知	1. 安全操作规程及触电方式、防范措施、触电急救的相关知识	(1) 掌握 20 分； (2) 熟悉 12 分； (3) 了解 8 分； (4) 不知道 0 分	20			
应会	2. 工作态度	(1) 态度好、认真者 5 分； (2) 较好 3 分； (3) 差 1 分	5			
	3. 资料收集	(1) 会收集相关资料； (2) 分析和理解资料	20			
	4. 电工电子实训室和汽车企业电工的安全操作规程	(1) 能运用学过的知识； (2) 回答正确	50			
	5. 安全文明操作		5			
	6. 核定时间	每超过 5 分钟扣 5 分				
得分			100			
	总分＝自评×20%＋小组评×30%＋教师评×50%					
自我小结						

任务二 识别电工工具

任务描述

在对汽车电气设备、线路进行安装和维修时，需要正确选择和使用电工工具，以提高工作效率和施工质量，保证操作安全，延长工具的使用寿命。

请说出图 1-8 所示工具包中各种工具的名称及作用。

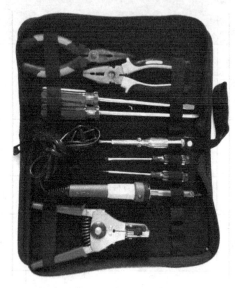

图 1-8　电工工具包

任务分析

常用的电工工具有验电器、螺丝刀、钢丝钳、尖嘴钳、剥线钳、电工刀、电烙铁等。通过本任务学习（操练），熟悉常用电工工具的结构，掌握它们的正确使用技能；了解常用导线的选择方法，掌握利用电工工具对常用导线线头进行连接的方法和技能。

知识储备

（一）常用电工工具

常用电工工具是指电工经常应用的工具。

1. 验电器

验电器，又称低压试电笔，是用来测试导线、开关、插座等电器和电气设备是否带电的一种常用的电具，其检测范围为60~500V。常用的验电器分为螺旋式和钢笔式两种，主要由氖管、电阻、弹簧和笔身等组成，其外形及使用方法如图1-9所示。

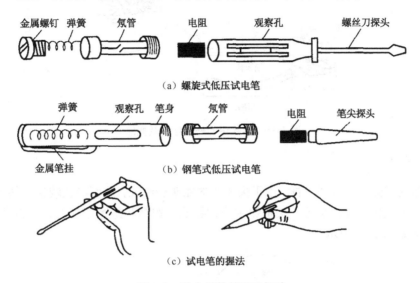

（a）螺旋式低压试电笔

（b）钢笔式低压试电笔

（c）试电笔的握法

图1-9　验电器的外形及握法

注意：使用时，手指必须接触金属笔挂（钢笔式）或测电笔顶部的金属螺钉（螺旋式）。

2. 螺丝刀

螺丝刀又称"起子"、螺钉旋具，是用来拆卸或紧固螺钉的工具。螺丝刀可分为一字型螺丝刀和十字型螺丝刀两种，其外形及握法如图1-10所示。

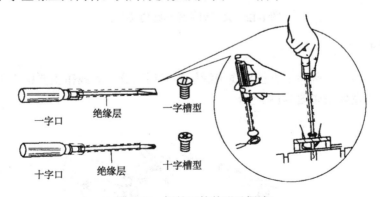

图1-10　螺丝刀的外形及握法

3. 钢丝钳

钢丝钳又叫平口钳、老虎钳，主要用于夹持或折断金属薄板、切断金属丝等。电工所用的钢丝钳钳柄上必须套有耐压 500V 以上的绝缘管。钢丝钳主要由钳头、钳柄和绝缘管等组成，钢丝钳的外形结构及握法如图 1-11 所示。

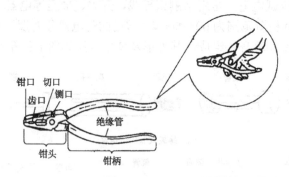

图 1-11　钢丝钳的外形结构及握法

4. 尖嘴钳

尖嘴钳的用途与钢丝钳一样，由于尖嘴钳的钳头较细长，因而能在较狭窄的地方工作，如在灯座、开关内固定线头等。尖嘴钳主要由钳头、钳柄和绝缘管等组成，尖嘴钳的外形结构及握法如图 1-12 所示。

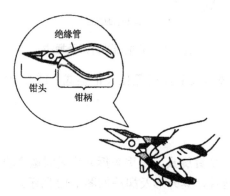

图 1-12　尖嘴钳的外形结构及握法

5. 剥线钳

剥线钳是一种用于剥除小直径导线绝缘层的专用工具，剥线钳主要由钳头和钳柄等组成，其外形结构及握法如图 1-13 所示。

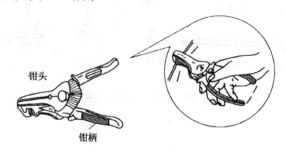

图 1-13　剥线钳的外形结构及握法

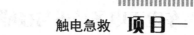

6. 电工刀

电工刀是一种剥线工具，主要由刀身和刀柄组成，其外形及用法如图 1-14 所示。

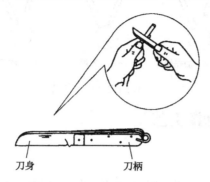

刀身　　　　　　刀柄

图 1-14　电工刀的外形及用法

7. 电烙铁

电烙铁是手工焊接的主要工具。常用的电烙铁一般为直热式，直热式又分为外热式、内热式和恒温式三大类。电烙铁的外形及结构如图 1-15 所示。

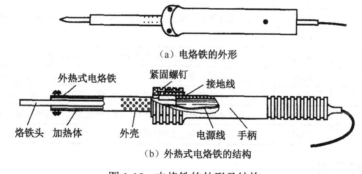

（a）电烙铁的外形

外热式电烙铁　　紧固螺钉　　接地线

烙铁头　加热体　　外壳　　电源线　手柄

（b）外热式电烙铁的结构

图 1-15　电烙铁的外形及结构

电烙铁的使用方法和焊锡丝的拿法如图 1-16 所示。

（a）反握法　　（b）正握法　　（c）握笔法　　（d）连续焊接时焊锡丝的拿法　（e）断续焊接时焊锡丝的拿法

图 1-16　电烙铁的使用方法和焊锡丝的拿法

使用电烙铁的工作步骤：准备施焊—加热焊件—送入焊丝—移开焊丝—移开烙铁，如图 1-17 所示。

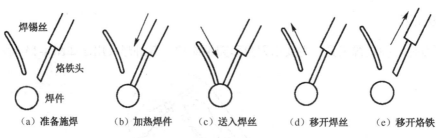

(a) 准备施焊　(b) 加热焊件　(c) 送入焊丝　(d) 移开焊丝　(e) 移开烙铁

图 1-17　使用电烙铁的工作步骤

（二）导线的连接操作工艺

1. 导线的选择

导线的种类和型号很多，应根据它的截面、使用环境、电压损耗、机械强度等方面的要求进行选用。几种常用导线的名称、型号和主要用途如表 1-2 所示。

表 1-2　几种常用导线的名称、型号和主要用途

名称	型号	主要用途
铜芯塑料线	BV	用于交流额定电压 500V 或直流额定电压 1000V 的室内固定敷设线路
铝芯塑料线	BLV	
铜芯塑料护套线	BVV	
铜芯塑料软线	BVR	用于交流额定电压 500V 并要求电线比较柔软的敷设线路
双绞型塑料软线	RVS	用于交流额定电压 250V，连接小型用电设备的移动或半移动室内敷设线路
橡皮绝缘导线	BX	用于交流额定电压 250V 或 500V 线路，供干燥或潮湿的场所固定敷设
铜芯橡皮软线	BXR	用于交流额定电压 500V 线路，供干燥或潮湿的场所连接用电设备的移动部分
铜芯橡皮花线	BXH	用于交流额定电压 250V 线路，供干燥场所连接用电设备的移动部分

2. 导线绝缘层剖削

（1）塑料硬线绝缘层的剖削方法。导线端头绝缘层的剖削一般采用电工刀进行，方法如图 1-18 所示。但铜芯为 $2.5mm^2$ 及其以下的塑料硬导线端头绝缘层可用钢丝钳、尖嘴钳或剥线钳进行剖削，如图 1-19 所示。

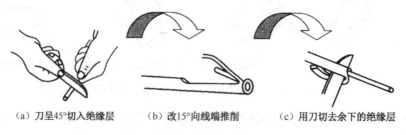

(a) 刀呈45°切入绝缘层　(b) 改15°向线端推削　(c) 用刀切去余下的绝缘层

图 1-18　电工刀剖削塑料硬导线端头绝缘层的方法

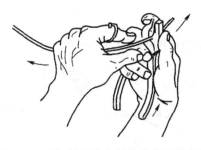

图 1-19 用钢丝钳勒去导线绝缘层的方法

中间绝缘层的剖削一般采用电工刀进行,方法如图 1-20 所示。

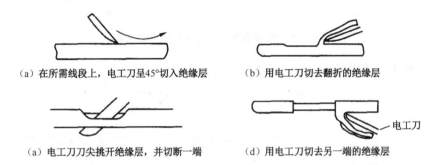

(a) 在所需线段上,电工刀呈45°切入绝缘层　　(b) 用电工刀切去翻折的绝缘层

(a) 电工刀刀尖挑开绝缘层,并切断一端　　(d) 用电工刀切去另一端的绝缘层

图 1-20 电工刀剖削导线中间绝缘层的方法

　　(2)塑料软线绝缘层的剖削方法。塑料软线绝缘层的剖削除用剥线钳外,也可用钢丝钳直接剖削 2.5 mm^2 及其以下的塑料软线,方法如图 1-21 所示。但不能用电工刀,因为电工刀很容易伤及线芯。

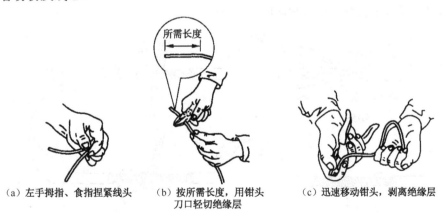

(a) 左手拇指、食指捏紧线头　　(b) 按所需长度,用钳头　　(c) 迅速移动钳头,剥离绝缘层
　　　　　　　　　　　　　　　刀口轻切绝缘层

图 1-21 钢丝钳剖削塑料软线绝缘层的方法

3. 导线之间的连接

　　导线线头连接一般分为:单股导线与导线的连接、多股导线与导线的连接、导线与接线桩(端子)的连接等几种。

　　(1)单股导线与导线的连接。单股导线与导线的连接常见的有一字形连接和 T 形连接两种。

单股导线一字形连接的操作步骤如图 1-22 所示。

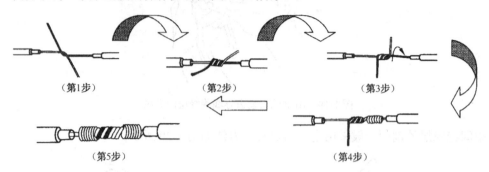

（第1步）　　　　　（第2步）　　　　　（第3步）

（第5步）　　　　　（第4步）

图 1-22　单股导线一字形连接的操作步骤

单股导线 T 形连接的操作方法和操作步骤如图 1-23 所示。

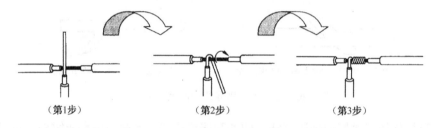

（第1步）　　　　　（第2步）　　　　　（第3步）

图 1-23　单股导线 T 形连接的操作步骤

（2）多股导线的连接。多股导线的连接常见的有 T 形连接和一字形连接两种。

多股导线 T 形连接的操作步骤如图 1-24 所示。

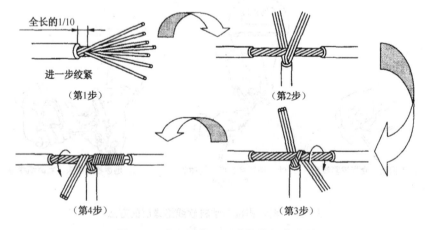

全长的1/10

进一步绞紧

（第1步）　　　　　（第2步）

（第4步）　　　　　（第3步）

图 1-24　多股导线 T 形连接的操作步骤

多股导线一字形连接的操作步骤如图 1-25 所示。

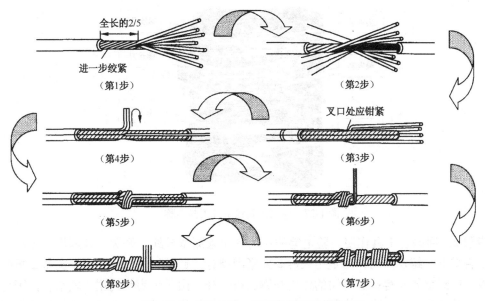

图 1-25　多股导线一字形连接的操作步骤

4．导线绝缘层的恢复

导线绝缘层破损或导线连接后都要恢复绝缘。恢复绝缘层的材料一般用黄蜡带、涤纶薄膜带、塑料带和黑胶带等。黄蜡带或黑胶带通常选用 20mm 的带宽，这样包缠较方便。常见的导线绝缘层的恢复有导线直线点的绝缘层恢复、导线分支接点的绝缘层恢复、导线并接点的绝缘层恢复。

直线点的绝缘层恢复的操作步骤如图 1-26 所示。

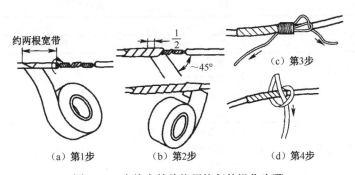

图 1-26　直线点的绝缘层恢复的操作步骤

四、任务实施

步骤 1：确定电工工具名称。电工工具包中各工具名称如图 1-27 所示。

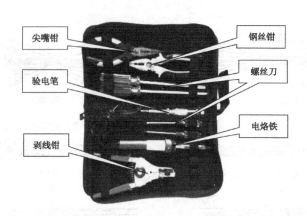

图 1-27 电工工具包中各工具名称

步骤 2: 回答各工具作用。验电笔的作用是用来测试导线、开关、插座等电器和电气设备是否带电;螺丝刀的作用是用来拆卸或紧固螺钉;钢丝钳的作用是用于夹持或折断金属薄板、切断金属丝等;尖嘴钳的作用与钢丝钳一样,由于尖嘴钳的钳头较细长,因而能在较狭窄的地方工作;剥线钳是用于剥除小直径导线绝缘层的专用工具;电烙铁的作用是手工焊接。

五、学习任务评价

将本次学习任务的评价填写在表 1-3 中。

表 1-3 学习任务评价表

姓名:_____ 班级:_____ 实训日期:_____

任务名称						
评价项目	内 容	评价标准	配分	自评	组评	师评
应知	1. 常用电工工具种类、正确使用方法、导线连接等相关知识	(1) 掌握 20 分; (2) 熟悉 12 分; (3) 了解 8 分; (4) 不知道 0 分	20			
应会	2. 工作态度	(1) 态度好、认真者 5 分; (2) 较好 3 分; (3) 差 1 分	5			
	3. 资料收集	(1) 会收集相关资料; (2) 分析和理解资料	20			
	4. 工具包中各种工具的名称	(1) 回答正确	50			
	5. 安全文明操作		5			
	6. 核定时间	每超过 5 分钟扣 5 分				
得分			100			
	总分=自评×20%+小组评×30%+教师评×50%					
自我小结						

项目操作指南

步骤 1：脱离电源。一旦发现有人触电，首先要切断电源，使人体迅速脱离带电体。使触电者迅速脱离电源的常用方法如表1-4所示。

表1-4 使触电者迅速脱离电源的常用方法

序号	操作示意图	操作方法
1		发现有人触电，迅速拔掉电源或拉下闸刀断电
2	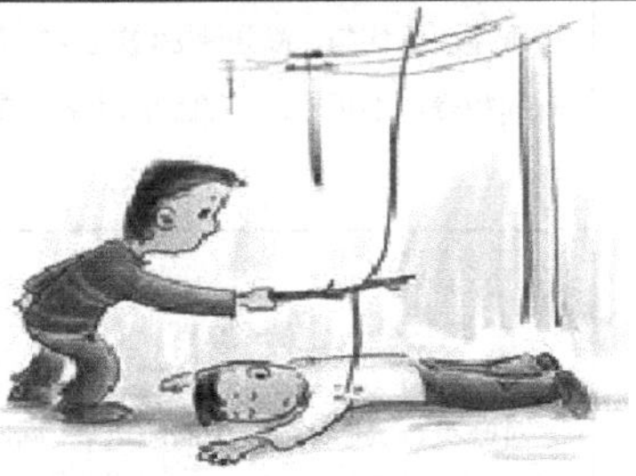	操作者救人的同时要注意自身安全，脚下应垫有绝缘材料，并用绝缘材料挑开触电者身上的电线

步骤 2：现场救护。立即拨打"120"，根据触电者的身体状况，迅速组织现场救护工作。对触电者采取的急救方法如表1-5所示。

表1-5 对触电者采取的急救方法

序号	操作示意图	操作方法
1	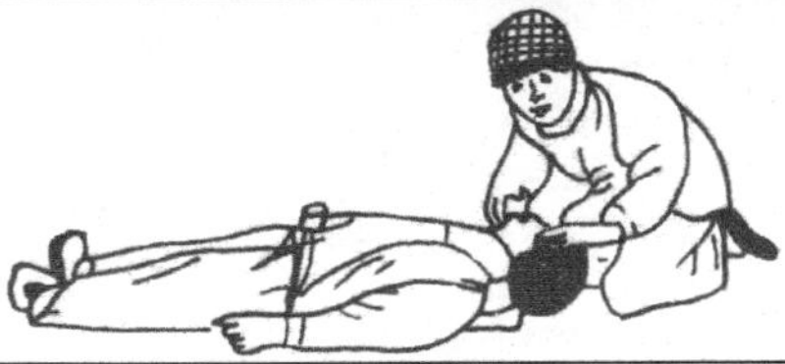	设法将触电者脱离电源后，立即拨打"120"，将触电者迅速移至通风、干燥处
2	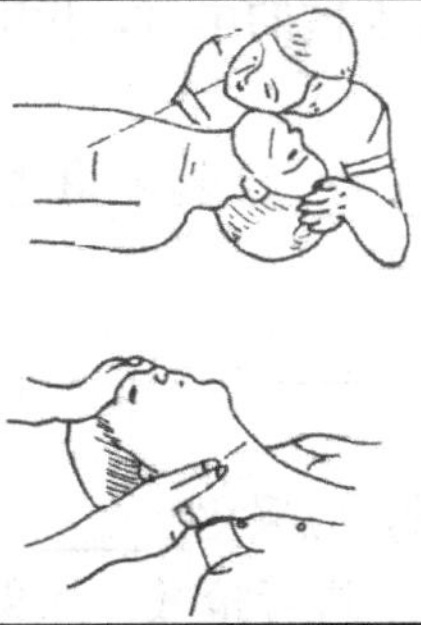	观察触电者有无呼吸存在，摸其颈部的颈动脉有无脉动

序号	操作示意图	操作方法
3		对于有心跳但无呼吸的触电者，进行口对口（鼻）人工呼吸。让其仰卧于平地上，鼻孔朝天颈后仰。首先清理口鼻腔，使气道畅通，然后松扣解衣服，捏触电者鼻子吹气要适量，排气应让口鼻通畅。吹两秒停三秒，五秒一次最佳。不可中断，直到触电者苏醒为止
4		对有呼吸但无心跳的触电者，进行胸外心脏按压。让其仰卧于硬地上，松扣解衣服，当胸交错放掌，中指应该对凹膛，掌根用力向下按，压力轻重要适当，压下半寸至一寸，然后突然放松，手掌根不能离开按压部位。按压速度要均匀，每分钟80次左右。每次按压和放松的时间相等。不可中断，直到触电者苏醒为止
5		对呼吸、心跳均已停止的触电者,同时采用口对口（鼻）人工呼吸和胸外心脏按压。先口对口（鼻）吹气两次（约5秒内完成），再做胸外按压15次（约10秒内完成），以后交替进行。不可中断，直到触电者苏醒为止

✎ 课后拓展

一、填空题

1．电压越高，触电的危险性越大，为了限制通过人体的电流，我国规定_____伏以下为安全电压。

2．电流对人体的伤害可以分为_____和_____，其中电击可分为_____、_____和_____等。

3．常见的触电形式有_____、_____和_____。

4．心肺复苏方法有_____和_____两种。

5．如果发现触电人心跳未停止，但呼吸已停止时，应采用_____进行抢救；如果发现触电人呼吸未停止但心跳已停止时，应采用_____进行抢救；如果发现触电人呼吸、心跳均已停止时，应同时采用_____和_____进行抢救。

二、名词解释

1．安全操作规程　　2．触电　　3．保护接零　　4．重复接地

三、简答题

1．试述电工电子实训室及工厂实习的安全操作规程。

2．简述口对口（鼻）人工呼吸和胸外心脏按压人工呼吸的基本操作步骤。

3．简述胸外心脏按压的基本操作步骤，胸外心脏按压法如何找准按压位置？

4．胸外心脏按压法中按压姿势的要素是什么？胸外心脏按压法是如何掌握按压节奏的？

5．钢丝钳、尖嘴钳和剥线钳各自的用途是什么？

四、操作题

1．用试电笔判别单相电源的火线和零线，电器设备外壳是否带电。

2．选取各种规格的电线线头若干，练习使用剥线钳剥线和使用电工刀削线。

3．使用电烙铁在废弃的印制电路板上进行元器件的拆焊练习。

4．练习各类单芯与单芯线、单芯与多芯线、多芯与多芯线之间的连接。

5．练习绝缘带的包缠。

6．练习导线与接线桩的连接。

项目二

安装电气照明电路

项目描述

电子电路是汽车系统的重要组成部分，随着信息技术的不断发展，汽车会更加的电子化、人性化，这其中电路的功劳是不可忽视的，甚至可以说是支柱。所以一名合格的汽车维修电工，需要了解和掌握一些电工技术的基础知识和基本技能。

电气照明电路是我们生活中接触最为频繁的电路，本项目的主要内容是通过设计和安装电气照明电路，学习电工的基础知识、掌握简单电气照明电路的设计和安装技能。

具体内容

1. 设计一灯一控一插座电气照明电路，绘制出实物接线图。控制要求：一个开关控制一盏白炽灯，插座不受开关控制。

2. 按照设计图纸安装线路，实现控制功能。线路要求：横平竖直，拐弯成直角，少用导线、少交叉，多线合拢要一起走；元件选择正确，布置整齐、美观、合理；接线牢固、接触良好，线头露铜1~2mm。

3. 安全文明操作。

项目学习目标

1. 知识目标：了解电路的基本概念，掌握直流电路和交流电路的基本计算方法；熟悉电气照明电路的设计知识和安装方法、技巧。

2. 能力目标：能运用所学的知识，设计并绘制出一灯一控一插座电气照明电路接线图；会正确选择元件，按照工艺要求安装一灯一控一插座电气照明电路。

3. 情感目标：通过学习，掌握电工技术基础知识和安装照明电路的连接技术工艺，锻炼学生的动手能力，培养其良好的操作习惯。

任务一 识读电气设备铭牌

一、任务描述

某汽车起动机的铭牌上标有"电压：12V"、"功率：1.0kW"等参数，如图 2-1 所示。请你说出或写出"电压：12V"、"功率：1.0kW"的含义。

图 2-1　汽车起动机铭牌

二、任务分析

铭牌又称标牌，一般固定在电机、电器或机械设备上，主要用来记载生产厂名称，额定工作情况下的一些技术数据，如品牌、规格、绝缘等级、适合电压、用电电流等信息，满足用户对电器的了解及使用上的需要，以供正确使用而不致损坏设备。要完成识读电气设备铭牌的任务，我们必须学习一些电工基础知识。

三、知识储备

1. 电路

电路是由各种电气器件按一定方式用导线连接组成的总体，它提供了电流通过的闭合路径。图 2-2 所示是最简单的照明电路，用开关和导线将干电池和小灯泡连接起来，只要合上开关，有电流流过，小灯泡就会亮起来。

电路的基本组成包括以下四个部分：

（1）电源（供能元件）：为电路提供电能的设备和器件，如电池、发电机等。

（2）负载（耗能元件）：使用（消耗）电能的设备和器件，如灯泡等用电器。

（3）控制器件：控制电路工作状态的器件或设备，如开关等。

（4）连接导线：将电器设备和元件按一定方式连接起来的设备，如各种铜、铝电缆线等。

2. 电路的工作状态

电路的工作状态分通路、开路和短路三种状态。

通路也叫闭路，指电路处于连通状态而形成回路，电路中有电流流过。如在图 2-2 所示的电路中，接通开关灯亮时，电路就是通路。

开路也叫断路，指电路处于断开状态，电路中没有电流流过。如在图 2-2 中，不接通开关灯不亮时，电路就处于开路状态。

短路指电路中的电流不经过负载而是通过导线直接形成回路。一般情况下，短路时电流很大，会损坏设备和造成事故，应尽量避免。

3. 电气图形符号

用电气符号描述电路连接情况的图，称为电路原理图，简称电路图，如图 2-3 所示。

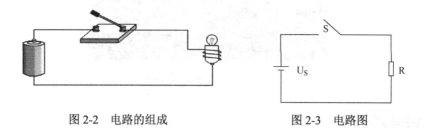

图 2-2　电路的组成　　　　　图 2-3　电路图

电路常用元件及电气符号如表 2-1 所示。

表 2-1　电路常用元件及电气符号

名称	符号	名称	符号
电阻	○—▭—○	电压表	○—Ⓥ—○
电池	○—╫—○	接地	⏚ 或 ⟘
电灯	○—⊗—○	熔断器	○—▭—○
开关	○—╱—○	电容	○—╫—○
电流表	○—Ⓐ—○	电感	○—〰〰—○

（二）电路的基本物理量

电路中的物理量是用来表示电路状态特点和能量转换关系的，也是分析与计算电路所需的。电路中的物理量主要有电流、电压和电功率。

1. 电流

单位时间里通过导体任一横截面的电量叫做电流强度，简称电流，通常用字母 I 表示。电流的单位是 A（安培），简称安。电流的单位还有 kA（千安）、mA（毫安）、μA（微安），其换算关系为：1kA=1000A；1A=1000mA；1mA=1000μA。

导体中的自由电荷在电场力的作用下做有规则的定向运动就形成了电流，如图 2-4 所示。习惯上规定正电荷移动的方向为电流的方向，因此电流的方向实际上与电子移动的方向相反。电流的大小可以通过电流表或万用表等仪表来进行测量。

2. 电压

电压也称作电势差或电位差。电场力把单位正电荷从电场中点 A 移到点 B 所做的功 W_{AB} 等于 A、B 间的电压，用 U_{AB} 表示，是表征电场力做功本领的物理量。它在数值上等于电场中两点之间的电位差，电路中某点的电位就是该点与参考点之间的电压。

电压的单位为 V（伏特），简称伏。计算较大的电压时用 kV（千伏），计算较小的电压时用 mV（毫伏）。其换算关系为：1kV=1000V；1V=1000mV。

电压的实际方向规定为从高电位点指向低电位点，即由"+"极指向"−"极，因此在电压的方向上电位是逐渐降低的，如图 2-5 所示。

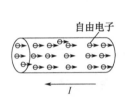

图 2-4　电荷定向运动形成电流

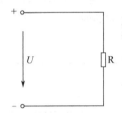

图 2-5　电压方向的表示

3. 电功率

电功率是单位时间内电路中电场驱动电流所做的功，计算公式为 $P=UI$。功率的单位是 W（瓦特），简称瓦。常用的单位还有 kW（千瓦）和 mW（毫瓦）。其换算关系为：1kW=1000W；1W=1000mW。

作为表示电流做功快慢的物理量，当已知设备的功率为 P 时，则在 t 秒内消耗的电能为 $W=Pt$，电能就等于电场力所做的功，单位是 J（焦耳）。在电工技术中，往往直接用 W·S（瓦特秒）作单位，实际上则用 kW·h（千瓦小时）作单位，俗称度。1kW·h=3.6×10^{6} W·S。

用电器正常工作时的电压叫额定电压，用电器在额定电压下正常工作时的功率叫做额定功率，用电器在实际电压下工作时的功率叫做实际功率。

算一算

有一功率为 100 W 的电灯，每天使用它照明的时间为 6h，如果平均每月按 30 天计算，那么这盏灯每月消耗的电能为多少度？

解：该电灯平均每天工作时间 t = 6h，30 天共计 180 h，则：

$W = P\cdot t$ =100×180=18000W·h =18kW·h

即每月消耗的电能为 18 度。

（三）单相交流电

1. 正弦交流电

根据电源性质不同，可将其分为直流电（DC）和交流电（AC）。通直流电的电路称为直流电路，通交流电的电路称为交流电路。

交、直流电源的性质、波形图及电气符号如表2-2所示。

表2-2　交、直流电源的性质、波形图及电气符号

名称	性质	波形图	电气符号
直流电源	与时间无关，大小恒定 结论：直流电压的大小及方向不随时间变化而变化		
交流电源	大小及方向随时间而变 结论：交流电压的大小及方向随时间变化而变化	 正弦交流电的波形图	

大小及方向均随时间按正弦规律做周期性变化的交流电称为正弦交流电，正弦交流电电压 u 的大小可表示为 $u=U_m\sin\varphi$ 。

2. 正弦交流电的要素

正弦交流电的三要素：最大值、频率、位相。

（1）最大值（A_m）和有效值（A_{eff}）是表示交流电大小的物理量。交流电的瞬时值随时间而变化，并不恒定。在实际工作中常用交流电的有效值来表示交流电的大小。交流电的有效值和最大值之间存在恒定的比例关系即 $A_{eff}=0.707A_m$。我国工业及民用交流电源电压的有效值为220 V，日本的为110V。

（2）频率（f）或角频率（ω）是表示交流电随时间变化快慢的物理量。频率的单位是 Hz（赫兹）。它的倒数叫作周期，即交流电变化一周所经过的时间 $T=1/f$。我国市电频率为50Hz，国外也有60Hz。

（3）位相（φ）是表示交流电在某瞬时变化步调的物理量，也叫"周相"或"相位"。交流电表示式 $\varepsilon=\varepsilon_m\sin(\omega t+\varphi_0)$ 中的（$\omega t+\varphi_0$）就是相位，$t=0$ 时的相位 φ_0 叫做初相。

（四）三相交流电

所谓三相系统就是由三个频率和有效值都相同，而相位互差120º的正弦电势组成的供电体系。三相交流电源是三个单相交流电源按一定方式进行的组合，这三个单相交流电源的频率相同、最大值相等、相位彼此相差120º，其波形如图2-6所示。

1. 三相电源的连接

三相电源的连接有星形联结和三角形联结两种方法。

1）星形联结

三相电源的星形联结如图2-7所示。公共点N称为中性点，从三个始端 U_1、V_1、W_1 引出的三根线称为相线或端线（俗称火线）。从中性点N引出的导线称为中性线，当中性线接地时，又称零线。任意两根相线之间的电压称为线电压，各相线与中性线之间的电压称为相电压。日常用来照明的电灯就是接在一根火线与零线之间的。

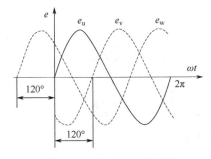

图2-6 三相交流电源波形

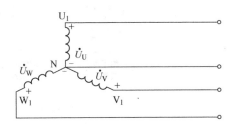

图2-7 三相电源的星形联结

这种连接由三根火线和一根零线所组成的供电方式叫做三相四线制供电系统，可输出两种电压，即相电压和线电压，常用于低压配电系统，三相四线制的电压通常为线电压380V、相电压 220V。星形联结的电源，也可不引出中性线，由三根火线供电，称为三相三线制，多用于高压输电，即线电压是 380V。线电压的大小等于相电压的 $\sqrt{3}$ 倍，即 $U_L=\sqrt{3}\,U_P$。

2）三角形联结

三相电源的三角形联结如图2-8所示，这种供电方式称为三相三线制。其特点是线电压等于相电压，即 $U_L=U_P=380V$。

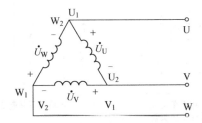

图2-8 三相电源的三角形联结

3. 三相负载的连接

电力系统的负载，按其对电源的要求，可分为单相负载和三相负载。人们日常照明用的电灯及电风扇、电视机等都是单相负载。用来带动机械的三相电动机及大功率的三相电炉等，均为三相负载。三相负载也有星形联结和三角形联结两种连接方法。

三相负载的联结要按三相电源的线电压和负载的额定电压来决定，如果负载额定的相电压为电源电压的 $1/\sqrt{3}$，则负载应接为星形联结，两者相等则应为三角形联结。

1) 三相负载的星形联结

三相负载的星形联结如图 2-9 所示。

三相负载平衡时（阻抗相同），如三相电动机、三相电炉，负载星形联结与发电机星形联结相同，$U_L=\sqrt{3}\,U_P$，所不同的是电流方向不同，电流是流进负载。

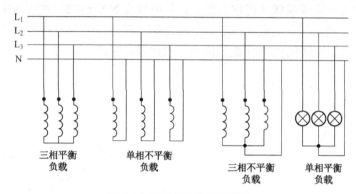

图 2-9 三相负载的星形联结

三相负载不平衡时，如照明电路、家用电器、办公设备等，在负荷分配上三相应尽量平衡，以减少零线的负担。

2) 三相负载的三角形联结

三相负载的三角形联结如图 2-10 所示。

三角形联结的负载一般为平衡负载，如电动机、三相电炉等，三角形联结与发电机三角形联结相同，且 $U_L=U_P$，只是电流流进负载，线电流的相位比相应的相电流滞后 30°。

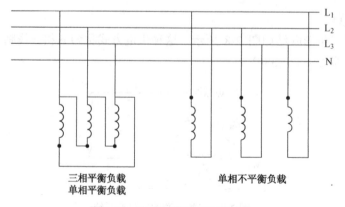

图 2-10 三相负载的三角形联结

四、任务实施

步骤 1：收集资料，了解汽车起动机。汽车发动机的起动需要外力的支持，汽车起动机就在扮演着这个角色。汽车起动机将蓄电池的电能转化为机械能，驱动发动机飞轮旋转实现发动机的起动。

步骤 2：解答。该汽车起动机铭牌上"电压：12V"表示该起动机额定工作电压为直流12V，"功率：1.0kW"表示该起动机额定功率为1.0kW。

五、学习任务评价

将本次学习任务的评价填写在表2-3中。

表2-3 学习任务评价表

姓名：＿＿＿＿＿＿＿＿ 班级：＿＿＿＿＿＿＿＿ 实训日期：＿＿＿＿＿＿＿＿

任务名称						
评价项目	内容	评价标准	配分	自评	组评	师评
应知	1. 电路的组成及基本物理量、单相正弦交流电、三相交流电相关知识	（1）掌握20分；（2）熟悉12分；（3）了解8分；（4）不知道0分	20			
应会	2. 工作态度	（1）态度好、认真者5分；（2）较好3分；（3）差1分	5			
	3. 资料收集	（1）会收集相关资料；（2）会分析和理解资料	20			
	4. 各支路电流测量和各电阻两端电压测量	（1）能运用学过的知识；（2）回答正确	50			
	5. 安全文明操作		5			
	6. 核定时间	每超过5分钟扣5分				
得分			100			
	总分＝自评×20%＋小组评×30%＋教师评×50%					
自我小结						

一、任务描述

请你按图 2-11 所示电路图选择好元件，连接好电路。计算并回答下列问题：

1. 叙述电阻 R_1、R_2、R_3 的连接方式构成什么电路。
2. 利用欧姆定律算出流过电阻 R_1、R_2、R_3 各自的电流。

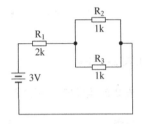

图 2-11　直流电路图

二、任务分析

直流电路是由直流电源供电而构成的电路。在家用电器、电子仪表、电子设备中常常看到色环电阻。要连接如图 2-11 所示电路，必须学会通过色环读出电阻的标称阻值，区分出 R_1、R_2、R_3，才能用导线按照电路图正确连接电路；分析电阻 R_1、R_2、R_3 的连接方式和计算流过电阻 R_1、R_2、R_3 各自的电流值，我们要学习并理解电阻串联、电阻并联、电阻混联及欧姆定律等概念，掌握串联、并联电路等效电阻的计算方法。

三、知识储备

（一）电阻

当电流通过导体时，导体同样对电流起着阻碍作用，这种对电流的阻碍作用称为电阻。导体的电阻用 R 表示，基本单位是欧姆，用"Ω"表示。常用的单位还有千欧（$k\Omega$）、兆欧（$M\Omega$）。它们之间的换算关系为：$1M\Omega = 1000k\Omega$；$1k\Omega = 1000\Omega$。

导体电阻的大小与导体的尺寸、材料、温度有关。导体的电阻越大，表示导体对电流的阻碍作用越大。不同的导体，电阻一般不同。

1. 电阻器

在各种电路中，经常要用到具有一定电阻值的元件，称为电阻器，简称电阻。常见电阻器的外形及电路符号如表2-4所示。

表2-4 常见电阻器的外形及电路符号

类型	名称	外形	电路符号
固定电阻器	碳膜电阻器		
	线绕电阻器		R
	金属膜电阻器		
可变电阻器	滑动变阻器		R_p
	带开关电位器		
	微调电位器		R_p

2. 电阻阻值的识读

电阻器上电阻值的标注方法主要有直标法、色环法、数码法、文字符号法等。其中，色环标注法就是在电阻上用不同颜色的环来表示电阻的阻值和误差。电阻色环对照关系表如表2-5所示。

表2-5 电阻色环对照关系表

颜色	数值	倍，乘数	误差（%）	温度关系（×，0，/℃）
棕色	1	10	±1	100
红色	2	10^2	±2	50
橙色	3	10^3	—	15
黄色	4	10^4	—	25

颜色	数值	倍,乘数	误差（%）	温度关系（×，0，/℃）
绿色	5	10^5	±0.5	
蓝色	6	10^6	±0.25	10
紫色	7	10^7	±0.1	5
灰色	8	10^8	—	
白色	9	10^9		1
黑色	0	1	—	—
金色	—	10^{-1}	±5	
银色	—	10^{-2}	±10	—

　　四色环电阻就是指用四条色环表示阻值的电阻，第一道色环表示阻值的最大一位数字；第二道色环表示阻值的第二位数字；第三道色环表示阻值的倍乘数；第四道色环表示阻值允许的偏差（精度）。

算一算

　　有一四环电阻的色环颜色为红紫棕金，请算出该电阻的标称电阻值。

　　解：该电阻的第一环为红色（代表 2）、第二环为紫色（代表 7）、第三环为棕色（代表 10 倍）、第四环为金色（代表±5%），那么这个电阻的阻值应该是 270Ω，阻值的误差范围为±5%。

　　五色环电阻就是指用五条色环表示阻值的电阻。第一道色环表示阻值的最大一位数字；第二道色环表示阻值的第二位数字；第三道色环表示阻值的第三位数字；第四道色环表示阻值的倍乘数；第五道色环表示误差范围。

算一算

　　有一五环电阻的色环颜色为红红黑黑棕，请算出该电阻的标称电阻值。

　　解：该五色环电阻第一环为红（代表 2）、第二环为红（代表 2）、第三环为黑（代表 0）、第四环为黑（代表 1 倍）、第五环为棕色（代表±1%），则其阻值为 220Ω×1=220Ω，误差范围为±1%。

（二）欧姆定律

　　在同一电路中，导体中的电流跟导体两端的电压成正比，跟导体的电阻成反比，这就是欧姆定律。基本公式是：

$$I = \frac{U}{R}$$

欧姆定律有部分电路欧姆定律和全电路欧姆定律（闭合电路欧姆定律）。

部分电路欧姆定律公式：$I=\dfrac{U}{R}$

其中：I、U、R 三个量是属于同一部分电路中同一时刻的电流强度、电压和电阻。部分电路欧姆定律通常只适用于线性电阻的电路。

全电路欧姆定律公式：$I=E/(R+r)$

其中：I 表示电路中的电流强度；E 表示电动势；R 表示外总电阻；r 表示电池内阻。全电路欧姆定律通常只适用于外电路为纯电阻的闭合电路。

算一算

有一盏"220V 60W"的电灯接到电路中。（1）试求电灯的电阻；（2）当接到220V电压下工作时的电流；（3）如果每晚用3h，问一个月（按30天计算）用多少度电？

解：由题意：

（1）根据 $R=U^2/P$ 得：

电灯电阻 $R=U^2/P=(220)^2/60=807\Omega$

（2）根据 $I=U/R$ 或 $P=UI$ 得：

$I=P/U=60/220=0.273A$

（3）$W=60/1000\times3\times30=5.4$（度）

（三）电阻的串并联

1. 串联电路

由若干个电阻顺序地连接成一条无分支的电路，称为串联电路。电阻串联电路示意图如图2-12所示。电阻串联后的总电阻 R 是所有元件电阻的总和，即：

$$R = R_1 + R_2 + \cdots + R_n$$

2. 并联电路

将若干个电阻元件都接在两个共同端点之间的连接方式称为并联。电阻并联电路示意图如图2-13所示。电阻并联后的总电阻（1/R）是所有元件电阻的倒数之和，即：

$$1/R = 1/R_1 + 1/R_2 + \cdots + 1/R_n$$

在实际生活用电应用中，用电器在电路中通常都是并联运行的，属于相同电压等级的用电器必须并联在同一电路中，这样才能保证它们都在规定的电压下正常工作。

3. 混联电路

电路中既有串联又有并联的连接方式叫做混联电路。对于混联电路的计算，只要按串联和并联的计算方法，一步一步地把电路化简，最后就可以求出总的等效电阻。具体步骤如下：

（1）首先整理清楚电路中电阻串、并联关系，必要时重新画出串、并联关系明确的电路图。

（2）利用串、并联等效电阻公式计算出电路中总的等效电阻。

（3）利用已知条件进行计算，确定电路的端电压与总电流。

（4）根据电阻分压关系和分流关系，逐步推算出各支路的电流或各部分的电压。

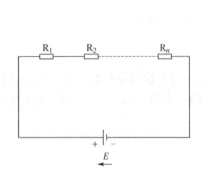

图 2-12　电阻串联电路示意图

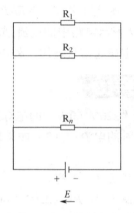

图 2-13　电阻并联电路示意图

四、任务实施

步骤 1：确定电源。选择 2 节 1.5V 的干电池，进行串联连接。

步骤 2：确定电阻器。根据电路图选择 R_1（2kΩ）、R_2（1kΩ）、R_3（1kΩ）。

步骤 3：连接电路。根据电路图，用导线把电池、R_1、R_2、R_3 连接起来。

步骤 4：R_1、R_2、R_3 构成混联电路。根据电路图分析可知，R_2、R_3 先构成并联电路，它们的总电阻再和 R_1 构成串联电路。

步骤 5：算出混联电路的总电阻为 2.5Ω。根据串并联等效电阻公式 $1/R = 1/R_1 + 1/R_2 + \cdots + 1/R_n$，先计算出 R_2、R_3 并联的总电阻为 $R_{23}=0.5Ω$，再根据串联等效电阻计算公式 $R = R_1 + R_2 + \cdots + R_n$，计算出 R_{23} 和 R_1 串联的总电阻为 2.5Ω。

步骤 6：算出 $I_1=1.2A$，$I_2=I_3=0.6A$。根据部分电路欧姆定律计算公式 $I = \dfrac{U}{R}$，算出流过 R_1 的电流为 $I_总=I_1=3V/2.5Ω=1.2A$，$I_2=I_3=(3V-2\times1.2V)/1Ω=0.6A$。

五、学习任务评价

将本次学习任务的评价填写在表 2-6 中。

表 2-6 学习任务评价表

姓名：_____ 班级：_____ 实训日期：_____

任务名称						
评价项目	内容	评价标准	配分	自评	组评	师评
应知	1. 电阻及色环识读法、串并联电路、欧姆定律等相关知识	（1）掌握20分； （2）熟悉12分； （3）了解8分； （4）不知道0分	20			
应会	2. 工作态度	（1）态度好、认真者5分； （2）较好3分； （3）差1分	5			
	3. 电路连接	（1）选择元件正确； （2）电路连接正确	20			
	4. 电阻 R_1、R_2、R_3 的连接方式构成什么电路和流经 R_1、R_2、R_3 的电流计算	（1）回答合理、正确； （2）计算步骤正确，计算值正确	50			
	5. 安全文明操作		5			
	6. 核定时间	每超过5分钟扣5分				
得分			100			
	总分＝自评×20%＋小组评×30%＋教师评×50%					
自我小结						

任务三　测量电路参数

一、任务描述

使用万用表进行电阻法、电压法、电流法测量练习。

1. 电阻测量

使用万用表测量提供电阻的阻值，并填写在表 2-7 中。

表 2-7 电阻测量记录表

测量项目	标识	标称值	实测值	万用表挡位
色环电阻	红紫棕金			

2. 电压测量

使用万用表测量提供测试点的电压，并填写在表 2-8 中。

表 2-8　电压测量记录表

测量项目	测试点	标称值	实测值	万用表挡位
直流电压	一节 1.5V 电池			
交流电压	实验桌单相交流插座			

3. 直流电流测量

（1）利用 1 节 1.5V 干电池、1 个 1kΩ 电阻和 1 个万用表，设计一个测量直流电流的简单直流电路，并绘制出电路图，估算出流过 1kΩ 电阻的直流电流。

（2）根据设计的电路图搭建电路，用万用表测量出该电路的直流电流值。

二、任务分析

在汽车维修过程中经常会使用到电工仪表，使用频率最高的电工测量仪表为万用表，也称万能表、多用表。一般可用来测量直流电流、直流电压、交流电压和电阻等，有的还可以测量功率、交流电流、电感、音频电平、电容及三极管的部分参数等。在汽车电气测量中除了要了解万用表的分类、性能特点，以便合理选择和使用万用表外，还必须掌握正确的测量方法，尽可能地减少测量误差，所以万用表是汽车维修电工必须掌握使用的电工仪表。

三、知识储备

万用表的结构形式多种多样，常用的万用表有模拟式和数字式两大类，如图 2-14 所示。数字式万用表读数直观，而模拟式万用表能方便快速地观察近似值或被测数值的变化情况。

（a）模拟式万用表的外形

（b）数字式万用表的外形

图 2-14　常用万用表的外形

MF47 型指针式万用表体积小巧、重量轻、便于携带，设计制造精密，测量准确度高，价格偏低且使用寿命长，所以受到了使用者的普遍欢迎。现以 MF47 型指针式万用表为例介绍万用表的识别与使用。

（一）MF47 型指针式万用表的基本结构

1. 面板结构及测量范围

MF47 型万用表的面板结构如图 2-15 所示。面板上部是表头指针、表盘，表盘下方正中是机械调零旋钮，表盘下方是量程转换开关、零欧姆调整旋钮和各种功能的插孔。量程转换开关大旋钮位于面板下部正中，周围标有该万用表的测量功能及其量程。转换开关左上角是测 PNP 和 NPN 型三极管的插孔，左下角标有"+"和"−"的插孔分别为红、黑表笔插孔。大旋钮右上角为零欧姆调整旋钮，它的右下角从上到下分别是 2500V 交、直流电压和 5A 直流测量专用红表笔插孔。

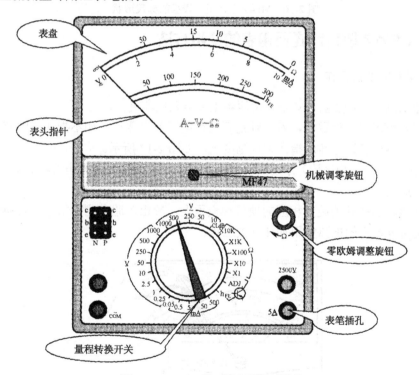

图 2-15　MF47 型万用表的面板结构

2. 表头与表盘

表头是一只高灵敏度的磁电式直流电流表，万用表的主要性能指标取决于表头的性能。

表盘除了有与各种测量项目相对应的 6 条标度尺外，还有各种符号。MF47 型万用表表盘有 6 条标度尺：最上面的是电阻刻度标尺，用"Ω"表示；第二条从上到下依次是直流电压、交流电压及直流电流共享刻度标尺，用"V"和"mA"表示；第三条是测晶体管共发射极直流电流放大系数刻度标尺，用"h_{FE}"表示；第四条是测电容容量刻度标尺，用

"C（μF）50Hz"表示；第五条是测电感量刻度标尺，用"L（H）50Hz"表示；最后一条是测音频电平刻度标尺，用"dB"表示。刻度标尺上装有反光镜，以利于消除视觉误差。MF47型万用表表盘的标尺形状如图 2-16 所示。

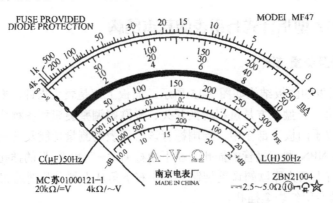

图 2-16　MF47 型万用表表盘的标尺形状

（二）MF47 型指针式万用表的使用方法

1. 测量前的准备工作

（1）把 1.5V 二号电池、9V 叠层电池各 1 节装入电池夹内。

（2）把万用表水平放置好，看表针是否指在电压刻度零点，如不指零，则应旋动机械调零旋钮，使得仪表指针准确指在零点刻度上，如图 2-17 所示。

（3）把两根表笔（测试棒）分别插到插座上，红表笔插在"+"插座内，黑表笔插在"*"插座（公用插座）内。

（4）将量程选择开关旋到相应的项目和量程上。禁止在通电测量状态下转换量程选择开关，以免可能产生的电弧作用损坏开关触点。

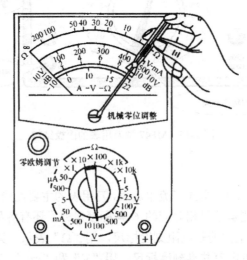

图 2-17　万用表的机械调零

2．测量电阻

（1）电阻若在线测量，应切断被测电路的电源和迂回支路。

（2）先把转换开关旋到电阻挡"Ω"位置，再选择适当的电阻倍率。如图 2-18（a）所示。

（3）测量前应先调整欧姆零点，将两表笔短接，看表针是否指在欧姆零刻度上，若不指零，应转动欧姆调零旋钮，使表针指在零点，每次变换倍率挡后，应重新调零。如图 2-18（b）所示。

（4）将表笔分别接到被测电阻两端，尽量使指针指示在接近表盘欧姆刻度线上 1/2 的地方来读数。如图 2-18（c）所示。

（5）读数应为：电阻值＝指针读数×倍率。如指针指示的数值是 20.1Ω，选择的量程为 $R\times100$，则测得的电阻值为 2010Ω。

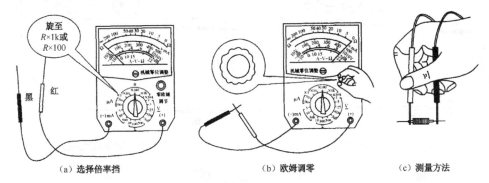

（a）选择倍率挡　　　　　　　　（b）欧姆调零　　　　　　　　（c）测量方法

图 2-18　万用表测量电阻

3．测量直流电流

（1）测直流电流时，将旋转开关置到直流电流挡上，并选择适当的电流量程。

（2）测量时，要将万用表串联在被测电路中进行，正、负极必须正确，即按电流从正到负的方向，红表笔接流入端，黑表笔接流出端，如图 2-19 所示。

（3）选择适当的电流量程，使指针指示在表盘的 1/2～2/3 的地方读数。

（4）读数应为：电流值=mA/每格×格数。

4．测量直流电压

（1）测直流电压时，将旋转开关置到直流电压挡上，并选择适当的电压量程。

（2）测量时，要将万用表并联在被测电路中进行，正、负极必须正确，即红表笔应接被测电路的高电位端，黑表笔接低电位端，如图 2-20 所示。

（3）选择适当的电压量程使指针指示在表盘的 1/2～2/3 的地方读数。

（4）读数应为：电压值=V(mV)/每格×格数。

5．测量交流电压

（1）测交流电压时，旋转开关置到交流电压挡"V"的位置。

（2）选择量程从大到小，操作要求与直流电压测试相同。

（3）将两表笔分别接到被测电路的两端（注：红、黑表笔不分正、负）。

（4）读数应为：交流电压值=V/每格×格数。示例见图2-21。

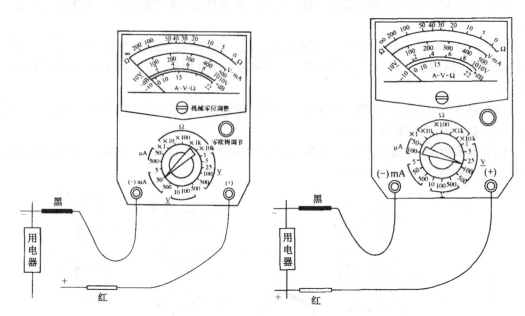

图 2-19　测量直流电流　　　　　　　　　　图 2-20　测量直流电压

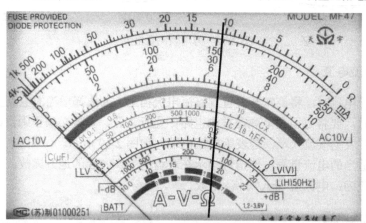

图 2-21　电压测量指针位置

算一算

如果电压选择为500V，则图2-21指针所示的电压为多少？

解：

$$\frac{135}{250}（或\frac{27}{50}）\times 500=270V$$

答：指针所示的电压为270V。

四、任务实施

步骤 1：电阻测量。根据色环法读出该电阻（红紫棕金）的标称阻值为 $270 \pm 13.5\Omega$；根据标称值，把万用表转换开关打到 $R \times 100$ 挡并调零；用表笔测量电阻两端，从刻度盘的第一次刻度线读出实测值为 270Ω；测量结果如表 2-9 所示。

表 2-9　电阻测量记录表

测量项目	标识	标称值	实测值	万用表挡位
色环电阻	红紫棕金	$270 \pm 13.5\Omega$	270Ω	×100 挡

步骤 2：电压测量。根据 1.5V 电池的标称值，选择万用表直流电压 2.5V 挡位，红表笔接电池正极，黑表笔接电池负极，从刻度盘的第二条刻度线读出实测值为 1.5V；根据我国工业用电和生活用电为单相正弦交流电 220V，选择万用表交流电压 250V 挡位或 500V 挡位，红表笔和黑表笔分别接实验桌插座的火线和零线，从刻度盘的第二条刻度线读出实测值为 220V；测量结果如表 2-10 所示。

表 2-10　电压测量记录表

测量项目	测试点	标称值	实测值	万用表挡位
直流电压	1 节 1.5V 电池	1.5V	1.5V	DCV2.5V 挡
交流电压	实验桌 220V 插座	220V	220V	ACV 250V/ 500V 挡

步骤 3：设计电路。根据题意，设计电路图如图 2-22 所示。根据欧姆定律计算公式 $I = \dfrac{U}{R}$，估算出流经 R 的电流为：$I=1.5V/1000\Omega=0.0015A=1.5mA$。

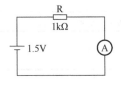

图 2-22　设计电路图

步骤 4：搭建电路。根据估算值 1.5mA，选择万用表直流电流 5DCVmA 挡位，红表笔接高电位，黑表笔接低电位，根据设计图 2-22，用导线搭建电路，并从刻度盘的第二条刻度线读出实测值为 1.5mA。

五、学习任务评价

将本次学习任务的评价填写在表 2-11 中。

表 2-11 学习任务评价表

姓名：_____ 班级：_____ 实训日期：_____

任务名称							
评价项目	内 容		评价标准	配分	自评	组评	师评
应知	1. 万用表分类、性能特征及正确使用等相关知识		(1) 掌握 20 分； (2) 熟悉 12 分； (3) 了解 8 分； (4) 不知道 0 分	20			
应会	2. 工作态度		(1) 态度好、认真者 5 分； (2) 较好 3 分； (3) 差 1 分	5			
	3. 测量电阻		(1) 操作方法正确； (2) 答案正确	20			
	4. 测量电压		(1) 操作方法正确； (2) 答案正确	20			
	5. 测量电流		(1) 电路设计图及估算值正确； (2) 操作方法正确； (3) 答案正确	30			
	5. 安全文明操作			5			
	6. 核定时间		每超过 5 分钟扣 5 分				
得分				100			
	总分＝自评×20%＋小组评×30%＋教师评×50%						
自我小结							

项目操作指南

步骤 1：设计电路。根据控制要求，确定供电电源为单相正弦交流电 220V。设计"一灯一控"时，要注意"火线进开关，零线进灯头"，以达到控制负载通断的目的；设计单相插座时，要按左零右火的接法。"一灯一控一插座"电气照明电路设计图如图 2-23 所示。

步骤 2：确定元件及导线。根据"一灯一控一插座"电气照明电路设计图，"一灯"选用"～220V 30W"白炽灯，"一控"选用"10A"单联开关，"一插座"选用"～220V 10A"的三孔插座，导线选用 1.0m² 铝芯线。"一灯一控一插座"元件实物图如图 2-24

所示。

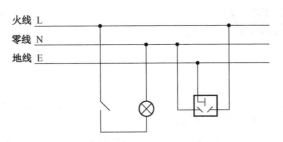

图 2-23   "一灯一控一插座"电气照明电路设计图

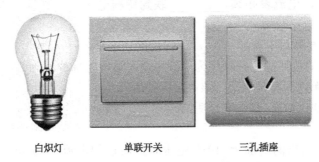

白炽灯   单联开关   三孔插座

图 2-24   一灯一控一插座元件实物图

步骤 3：安装电路。按设计图施工过程中，在白炽灯接线时要注意灯座上的标号，将火线接在 L 的接线端子上，将零线接在 N 的接线端子上；在连接单相插座时，要按"左零右火"的接法接。在导线安装过程中，接线端口只有一条线时，要弯成羊眼，如图 2-25 所示。顺时针放入，以增加接触面积，注意导线进入端子以 1~1.5cm 为宜，而且不能露铜超过 2mm，如图 2-26 所示。每个接线端子只能接 2 条线，如果需要，则要转移到另外一个接口，两条线应交缠后再一起装进去；在开关内部端口接线应按照左入右出、高入低出规则，如图 2-27 所示。导线线路要求横平竖直，拐弯成直角，美观、简洁。

羊眼   露铜不超过2mm

图 2-25   羊眼   图 2-26   露铜示意图   图 2-27   开关内部端口接线图

步骤 4：断电检查。断电，将万用表调到 $R \times 100$ 挡位，短接表笔调零；在没装上白炽灯的情况下，用万用表电阻挡测火线、零线、地线两两间的电阻，正常情况下电阻为无穷大，如果指针有摆动，证明有短路，如果为零，证明火线、零线、地线有可能直接接在一起了。在装上白炽灯后，火线、零线间电阻正常为 500Ω 左右。最后，还要对开关进行关断试验。如果都正常，就可以通电试验了。

课后拓展

一、填空题

1. 电路主要由_____、_____、_____、_____四部分组成。

2. 电路有_____种状态，分别是_____、_____和_____。

3. 负载就是用电设备，如电炉把_____能转变为_____能。

4. 测量电流时，电流表必须_____联到待测电路中，测量电压时，电压表必须_____联在待测电路两端。

5. 电阻是表示导体对电流起_____作用的物理量。

6. 一四环电阻的色环颜色按顺序为棕红金金，该电阻标称值为_____。另一四环电阻的色环颜色按顺序为黄紫棕银，该电阻标称值为_____。

7. 万用表测量电阻时，要选取合适的_____挡，并进行调零，每换一次挡位，都必须重新_____。

8. 有一电阻，当它两端加上 10V 电压时，流过的电流为 0.5A，则电阻的阻值为_____。

9. 电阻在电路中的连接方式有_____、_____和混联。

10. 正弦交流电的三要素：_____、_____、_____。

11. 我国工频交流电的标称电压为_____，频率为_____，周期为_____。

12. 三相四线制供电线路可以提供_____种电压，相线和中性线之间的电压称为_____，相线和相线之间的电压称为_____。

13. 三相电源的连接可分为_____和_____；三相负载的连接可分为_____和_____。

14. 对称三相电源在星形联结时，线电压与相电压的大小关系为_____，线电压与相电压的相位关系为_____，在三角形联结时，线电压与相电压的大小关系为_____。

15. 低压供电系统中，通常家用电器的额定电压为_____，三相电动机的额定电压为_____。

二、单项选择题

1. 有两个正弦交流电，电流的解析式是 $i_1=220\sqrt{2}\sin(10\pi t+\pi/3)A$，$i_2=311\sin(10\pi t-\pi/3)A$。则在这两个式子中两个交流电流相同的量是（　　）。

    A. 最大值和初相位　　　　　　　　B. 有效值和初相位

    C. 最大值、有效值和周期　　　　　D. 最大值、有效值、周期和初相位

2. 下列元件中消耗电能的是（　　）。

    A. 纯电容　　　B. 纯电感　　　C. 纯电阻　　　D. 以上答案都正确

3. 通常说的电炉的功率是指（　　）。

A．瞬时功率　　　　　　　　　B．有功功率
C．无功功率　　　　　　　　　D．视在功率

4．已知交流电流的解析式为 $i_1=4\sqrt{2}\sin(10\pi t-\pi/4)$ A。当它通过 $R=2\Omega$ 的电阻时，电阻上消耗的功率是（　　）。

A．32 W　　　　B．8 W　　　　C．16 W　　　　D．10 W

5．对三相对称电动势的说法正确的为（　　）。

A．它们同时达到最大值。
B．它们达到最大值的时间依次落后 1/3 周期。
C．它们的周期相同，相位也相同。
D．它们因为空间位置的不同，所以最大值不同。

三、判断题

1．电压的实际方向由低电位指向高电位。　　　　　　　　　　　　（　　）
2．可变电阻器的阻值在一定范围之内是可以改变的。　　　　　　　（　　）
3．一只额定电压为 220V 的灯泡可以接在最大值为 311V 的交流电源上。（　　）
4．正弦交流电的三要素为最大值、有效值、周期。　　　　　　　　（　　）
5．正弦交流电的初相位与计时起点的选择无关。　　　　　　　　　（　　）
6．欧姆定律是一个普遍定律，因此，在求纯电阻、纯电感、纯电容电路的电流和电压瞬时值时都可以使用。　　　　　　　　　　　　　　　　　　　　　（　　）
7．三相负载作星形联结时，无论负载对称与否，线电流必定等于对应负载的相电流。　　　　　　　　　　　　　　　　　　　　　　　　　　　　（　　）
8．在同一电源作用下，负载作星形联结的线电压等于作三角形联结时的线电压。　　　　　　　　　　　　　　　　　　　　　　　　　　　　　（　　）
9．三相负载的相电流是指电源相线上的电流。　　　　　　　　　　（　　）
10．交流电气设备铭牌标注的电压是交流电的有效值。　　　　　　（　　）

四、计算题

1．有一户人家，使用 6 盏功率为 11W 的节能电灯，每天平均使用它们照明的时间为 3h，那么每周（7 天）消耗的电能为多少度？

2．有一盏"220V 100W"的电灯接到电路中。（1）试求电灯的电阻；（2）当接到 220V 电压下工作时的电流；（3）如果每晚用 3h，问一个月（按 30 天计算）用多少度电？

项目三

安装电动机控制线路

项目描述

根据电磁感应原理进行机械能与电能互换的机械称为电机。其中,将电能转换为机械能的电机称为电动机,将机械能转换为电能的电机称为发电机。汽车电源系统中的发电机和起动系统中的电动机都是汽车重要的电气设备。

本项目是通过安装如图 3-1 所示电动机点动控制线路,学习变压器、电动机、发电机以及三相异步电动机基本电气控制线路的相关知识和技能。

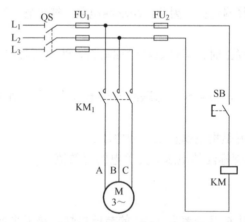

图 3-1 电动机点动控制线路图

具体内容

1. 按照图 3-1 所示电动机点动控制线路图进行正确熟练的安装;元器件在配电板上布置要合理,安装要正确紧固;布线要求横平竖直,应尽量避免交叉跨越;接线要紧固美观;能正确使用工具和仪表。

2. 按钮盒不固定在板上,电源和电动机配线、按钮接线要接到端子排上,要注明引出端子标号。

3. 通电运行,能实现电动机点动控制功能。

4. 安全文明操作。

项目学习目标

1. 知识目标：了解电磁感应知识；了解三相异步电动机的基本结构及工作原理；熟悉常用低压电器的结构及用途；掌握三相异步电动机点动、长动控制电路结构及原理；了解交流发电机的结构及工作原理。

2. 能力目标：识别常见低压电器及其电路符号；掌握三相异步电动机的电气控制线路。

3. 素质目标：通过学习，掌握电气控制电路连接技术工艺，进一步培养学生的动手能力和良好的操作习惯。

任务一 测量变压器参数

一、任务描述

按图 3-2 所示变压器测量线路图连接电路；分别测量变压器一次、二次绕组的电压 U_1、U_2 的值；计算出变压器的变压比，并填入表 3-1 中。

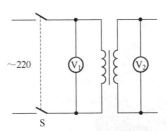

图 3-2 变压器测量线路图

表 3-1 变压器变压比测量表

测量值		计算值
U_1	U_2	k

二、任务分析

变压器是利用电磁感应原理制成的，它可以将电路中一种电压的交流电变换成同频率的另一种电压的交流电。在汽车电子线路中应用十分广泛，主要用于升压和降压。下面我们来了解和学习与电磁感应原理有关的知识。

三、知识储备

（一）磁现象

1. 磁场

如果把条形磁铁靠近铁屑，会发现大量的铁屑吸附在磁铁的两端，如图 3-3 所示，这表明条形磁铁两端磁性最强。我们把磁铁磁性最强的部分称为磁极，磁铁都具有两个磁极。

与电荷周围存在电场一样，所有的磁体周围都存在着磁场。磁场是一种看不见又客观存在的特殊物质，凡是处于磁场中的任何其他磁极或运动电荷，都要受到磁场的作用力，这种作用力称为磁场力或磁力。因此，磁场力是通过磁场这种特殊物质传递的，磁场是传递磁极之间相互作用力的媒介。

2. 磁感线

为了形象地描述磁场，引入了磁感线的概念。磁感线又叫磁力线，是人为假想的曲线。图 3-4 所示为条形磁铁周围的磁感线分布情况，其中，曲线的切线表示该位置的磁场方向，曲线的疏密程度表示磁场的强弱。

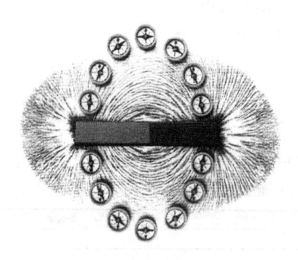

图 3-3　磁场对铁屑及小磁针的作用

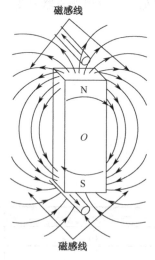

图 3-4　条形磁铁周围的磁感线

（二）电流的磁场及磁场对电流的作用

1820 年，丹麦物理学家奥斯特发现了电流的磁效应，揭示了磁与电是密不可分的。

1. 电流的磁场

当导体中有电流通过时，在它周围会产生磁场，电磁铁、电动机、发电机及很多电气设备都是利用这一原理工作的。图 3-5 所示为直线电流磁场的磁感线分布图。

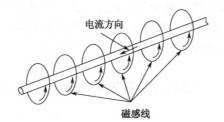

图 3-5　直线电流磁场的磁感线分布图

如果导线绕成线圈，由于磁感线互相不相交，则多数磁感线将围绕这个线圈，其分布跟条形磁铁的磁感线分布相似，如图 3-6 所示。

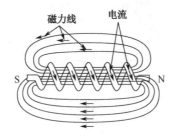

图 3-6　通电线圈的磁感线分布图

2. 磁场对电流的作用

电动机通电后就会转动，这是因为通电线圈受到了磁场的作用力而转动起来。实验表明，放在磁场中的导体有电流通过时，导体会因为受到磁场力的作用运动起来。磁场对通电导体的作用力称为安培力。

（三）电磁感应现象

1. 法拉第实验

如果在导线两端加上电压，通以电流，则导线周围就会产生磁场；如果围绕导线的磁场发生变化，导线的两端就会产生电压，如果电路闭合，导线内就会有电流通过。这种变化的磁场使闭合的回路产生电流的现象称为电磁感应现象，所产生的电流称为感应电流。

图 3-7 所示为法拉第实验的电路图。线圈 G 和线圈 H 绕在一个铁环上，灵敏电流计与线圈 H 相连。当开关 S 闭合的瞬间，灵敏电流计的指针发生了偏转，说明线圈 H 中出现了感应电流。这种电流出现的时间很短，一旦线圈 G 的电流稳定了，线圈 H 中的电流就会消失。在开关 S 断开的瞬间，线圈 H 中又出现一个反向的瞬时感应电流。撤去铁环后重复上述操作，实验结果相同，但是感应电流有所减弱。

2. 电磁感应的条件

从法拉第实验中可以发现，在开关闭合的瞬间，在线圈 G 中的电流建立磁场的过程中，穿过线圈 H 的磁感线的数目从无到有，不断增大，此时线圈 H 中就有感应电流产生；当线圈 G 中电流稳定之后，磁场也随之处于稳定状态，此时线圈 H 中的磁力线不再变化，线圈 H 中的感应电流消失。开关断开时，线圈 G 中的磁场消失的瞬间，线圈 H 中的磁力线由多变少，直至为零，则线圈 H 中又产生了感应电流。由此可见，产生电磁感应的条件是闭合回路的磁场发生变化。

如图 3-8 所示，若使闭合回路中的一段导线在磁场中做切割磁感线的运动，则导体中也将产生感应电流。

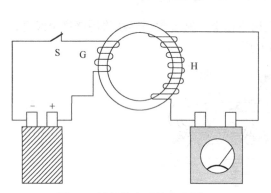 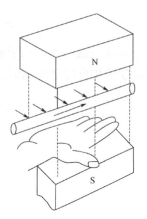

图 3-7　法拉第实验的电路图　　　　图 3-8　直导线产生感应电流

（四）常用电磁器件

电磁器件在汽车电气设备中的应用非常广泛，如各种继电器、变压器、互感器等。下面介绍变压器的结构及工作原理。

1. 变压器的基本结构

变压器由铁芯、绕组组成，其基本结构如图 3-9（a）所示，图形符号如图 3-9（b）所示。

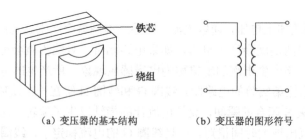

（a）变压器的基本结构　　　（b）变压器的图形符号

图 3-9　变压器的基本结构及图形符号

（1）铁芯，变压器铁芯的作用是构成磁路。为了减少涡流和磁滞损耗，铁芯用具有绝缘层的硅钢片叠成。在一些小型变压器的铁芯中，也可采用铁氧体或坡莫合金来替代硅钢片。

（2）线圈，线圈也称为绕组。变压器一般有两个绕组，其中接电源的绕组称为一次绕组，也称为初级绕组或原绕组；接负载的绕组称为二次绕组，也称为次级绕组或副绕组。对于小容量的变压器，其绕组多用高强度漆包线绕制而成。

2. 工作原理

1）变压器空载运行

变压器空载运行是指一次绕组接电源而二次绕组开路的状态。在外加电压 U_1 作用下，原绕组 N_1 中通过的电流 i_0 称为空载电流。i_0 产生了工作磁通，也称为励磁电流。根据电磁感应定律，二次绕组 N_2 两端产生感应电动势。理想状态下，变压器的电压变换关系如下：

$$\frac{U_1}{U_2} = \frac{N_1}{N_2} = k$$

上式表明，变压器的一、二次绕组电压的有效值与一、二次绕组的线圈匝数成正比，k 称为变压比。

2）变压器的有载运行

当变压器的二次绕组接入负载时，变压器为有载运行状态。若一次绕组电流的有效值为 I_1，二次绕组电流的有效值为 I_2，理想状态下（输入变压器的功率都消耗在电阻上，变压器内部不消耗功率）有如下关系：

$$\frac{I_1}{I_2} = \frac{N_2}{N_1} = \frac{1}{k}$$

上式表明，有载运行状态下，变压器一、二次绕组电流的有效值与一、二次绕组的匝数成反比。

3. 变压器的损耗与效率

实际上，变压器在工作中存在着功率损耗，其功率损耗主要有两部分，即铁损耗和铜损耗。铁损耗是指变压器铁芯中的磁滞损耗和涡流损耗。当外加电压固定时，铁损耗也是固定不变的，称为固定损耗。铜损耗是指电流通过变压器绕组时，在绕组电阻上产生的功率损耗。铜损耗随着通过绕组的电流变化而变化，称为可变损耗。

变压器的输出功率与输入功率之比称为变压器的效率，用符号 η 表示，有：

$$\eta = \frac{\text{输出功率}}{\text{输入功率}} = \frac{\text{输出功率}}{\text{输出功率} + \text{铁损耗} + \text{铜损耗}} \times 100\%$$

变压器的效率比较高，一般供电变压器的理想效率都在 95% 左右，大型变压器效率可达 98% 以上。变压器在带负载的情况下，实际效率会降低，一般在 40%～60% 额定负载时的效率最高。

四、任务实施

步骤 1：连接电路。根据实验室提供的电源变压器、开关等元器件，按图 3-1 所示连接电路，注意区分清楚变压器的一次绕组和二次绕组。

步骤 2：合上开关 S，用万用表分别测量变压器一次、二次绕组的电压 U_1、U_2 的值，记入表 3-1 中，并根据公式 $\dfrac{U_1}{U_2}=\dfrac{N_1}{N_2}=k$ 计算出变压器的变压比。注意万用表测量电源变压器电压时要选择交流电压合适挡位。

五、学习任务评价

将本次学习任务的评价填写在表 3-2 中。

表 3-2　学习任务评价表

姓名：＿＿＿＿＿＿　班级：＿＿＿＿＿＿　实训日期：＿＿＿＿＿＿

任务名称						
评价项目	内　容	评价标准	配分	自评	组评	师评
应知	1. 磁路、电磁感应、变压器相关知识	（1）掌握 20 分； （2）熟悉 12 分； （3）了解 8 分； （4）不知道 0 分	20			
应会	2. 工作态度	（1）态度好、认真者 5 分； （2）较好 3 分； （3）差 1 分	5			
	3. 资料收集	（1）会收集相关资料； （2）分析和理解资料	20			
	4. 试读电路图、电路连接、变压器电压测量	（1）能运用学过的知识； （2）结果正确	50			
	5. 安全文明操作		5			
	6. 核定时间	每超过 5 分钟扣 5 分				
得分			100			
	总分＝自评×20%＋小组评×30%＋教师评×50%					
自我小结						

任务二 拆装电动机

一、任务描述

图 3-10 所示为三相交流异步电动机结构图。请指出图中各主要部件的名称,练习拆装一台三相交流异步电动机,并说出它的拆装步骤。

图 3-10 三相交流异步电动机结构图

二、任务分析

电动机是将电能转换成机械能的旋转机械,三相异步电动机是电动机中应用最广泛的一种电动机。本次任务就来学习三相异步电动机的结构及工作原理,同时了解一些控制电动机运转的低压控制电器。

三、知识储备

(一)三相交流异步电动机的结构及工作原理

1. 三相交流异步电动机的结构

三相交流异步电动机由两个基本部分组成:定子和转子。定子和转子之间有一个很小的气隙(中、小型异步电动机气隙一般在 0.2~1.5mm)。此外,还有端盖、轴承、风冷装置和接线盒等零部件。图 3-11 所示为三相笼型异步电动机的结构及电路符号。

1)定子

定子是电动机的固定部分,由定子铁芯、定子绕组和机座三部分组成。

(1)定子铁芯。定子铁芯的作用是安放定子绕组并作为异步电动机主磁通磁路的一部分。为了减少旋转磁场在铁芯中引起的涡流损耗和磁滞损耗,定子铁芯用导磁性较好、表面涂有绝缘漆的硅钢片叠压而成，并用压圈与扣片紧固。为了安放定子绕组，在定子铁芯内圆开有均匀分布的槽，常见的槽型有半闭口槽、半开口槽和开口槽等。

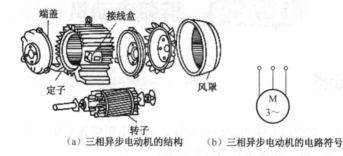

（a）三相异步电动机的结构　　（b）三相异步电动机的电路符号

图 3-11　三相笼型异步电动机的结构及电路符号

（2）定子绕组。定子绕组是异步电动机定子的电路部分。每相绕组由若干个绝缘良好的线圈组嵌放在槽内，按一定规律连接而成，在槽内的布置可以是单层的，也可以是双层的，绕组与槽壁间及两层绕组间都需用绝缘隔开，以免电动机在运行时绕组出现击穿或短路故障。

三相异步电动机的定子绕组是一个三相对称绕组，它由 3 个完全相同的绕组组成，每个绕组即一相，3 个绕组在空间相差 120° 电角度。高压和大、中型电机的定子绕组常采用星形接法，只有 A_1、B_1、C_1 三根引出线；而中、小容量低压电机常引出 A_1-A_2、B_1-B_2、C_1-C_2 三相六个线柱，可以根据需要接成星形或三角形，如图 3-12 所示。

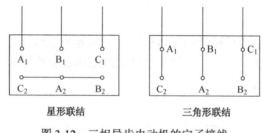

星形联结　　　　　　　　三角形联结

图 3-12　三相异步电动机的定子接线

（3）机座。机座的作用是支撑定子铁芯，转子通过轴承、端盖固定在机座上，所以要求它有足够的机械强度。中、小型电机一般采用铸铁机座，而大容量电机采用钢板焊接机座。为了增加散热能力，一般封闭式机座表面都装有散热筋，防护式机座两侧开有通风孔。

2）转子

转子是电动机的转动部分，由转子铁芯、转子绕组和转轴三部分组成。

（1）转子铁芯。转子铁芯的作用是组成电机主磁路的一部分和安放转子绕组。它由外圆冲有均匀槽口、互相绝缘的硅钢片叠压而成。中、小型电机的转子铁芯一般都直接固定在转轴上，而大型异步电动机的转子则套在转子支架上，然后让支架固定在转轴上。

（2）转子绕组。根据绕组形式不同可分为笼型转子和绕线式转子两种。笼型转子又分两种：一种常用裸铜条插入转子槽中，铜条两端用短路环焊接起来，如果把铁芯去掉，绕组就像一个鼠笼，称为铜排转子，如图3-13（a）所示；中、小型电机的笼型转子采用铸铝的方法，将导条、端环和风扇叶片一次铸成，称为铸铝转子，如图3-13（b）所示。

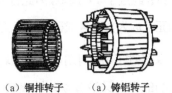

（a）铜排转子　　（a）铸铝转子

图 3-13　笼型转子绕组外形图

笼型转子无须集电环等附件，因而结构简单、制造方便，成本低，运行可靠。

（3）转轴。转轴的作用是支撑转子铁芯，输出转矩，所以它必须有足够的机械强度和刚度，以防断裂并保证气隙均匀。转轴一般用中碳钢制成，轴伸端有键槽，用来固定皮带轮或联轴器。

2. 三相异步电动机的工作原理

三相异步电动机是利用三相交流电通入定子三相对称绕组所产生的旋转磁场来使转子转动的。

1）定子绕组的旋转磁场

为分析方便，将电动机定子简化为三相六槽结构，如图3-14所示。电流为正值时由首端 A_1、B_1、C_1 流入，末端 A_2、B_2、C_2 流出，用⊗表示；电流为负值时则由末端流入，首端流出，用⊙表示。

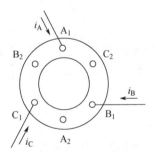

图 3-14　三相绕组通入三相交流电

三相绕组通入三相电流后分别产生各自的交变磁场，而在空间产生的合成磁场是一个旋转磁场，下面分析图3-15所示5个瞬间的合成磁场。

当 $t_0=0$ 时，i_A 为零，A 相绕组中没有电流流过；i_B 为负，电流从末端 B_2 流入，首端 B_1 流出；i_C 为正，电流从首端 C_1 流入，末端 C_2 流出。根据右手螺旋定则可判断出合成磁场方向由下方 N 极指向上方 S 极，如图3-15（a）所示。

当 $t_1 = \dfrac{T}{4}$ 时，i_A 为正，i_B 为负，i_C 为负，合成磁场由左方 N 极指向右方 S 极，如图 3-15 (b)所示。从图中可以看出，从 t_0 到 t_1 经过了 1/4 周期，因此合成磁场沿顺时针方向旋转了 90°。

当 $t_2 = \dfrac{T}{2}$ 时，i_A 为零，i_B 为正，i_C 为负，合成磁场由上方 N 极指向下方 S 极，如图 3-15 (c) 所示。可以看出，从 t_1 到 t_2 又经过了 1/4 周期，合成磁场继续沿顺时针方向旋转 90°。

当 $t_3 = \dfrac{3T}{4}$ 时，同理合成磁场的方向又沿着顺时针旋转了 90°，如图 3-15（d）所示。

当 $t_4 = T$ 时，合成磁场回到 $t_0 = 0$ 的位置，即合成磁场的方向在空间沿顺时针方向旋转了 360°，如图 3-15（e）所示。

由此可见，图 3-15 所示的定子绕组通入交流电后，将产生两极旋转磁场（一个 N 极、一个 S 极）。电流变化一周，合成磁场在空间旋转 360°。

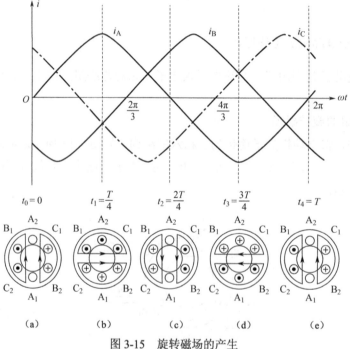

图 3-15　旋转磁场的产生

2）三相交流异步电动机的旋转原理

图 3-16 中，定子绕组中通有三相对称电流，它产生的旋转磁场顺时针旋转，相当于磁场不动，转子导体逆时针方向切割磁感线，产生感应电动势和感应电流。有电流的转子导体在旋转磁场中要受到电磁力的作用，电磁力对转子转轴形成电磁转矩，使转子沿着旋转磁场的方向旋转。

若改变三相交流电的相序，就改变了旋转磁场的方向，可以使电动机反转。

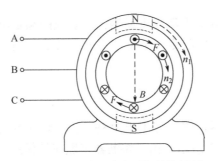

图 3-16 三相交流异步电动机的旋转原理

（二）常用低压电器

低压电器是指额定电压等级在交流 1200V、直流 1500V 以下的电器，在电气线路中起通断、保护、控制或调节作用。低压电器是电气控制中的基本组成元件。

1. 瓷底胶盖刀开关

瓷底胶盖刀开关又称开启式负荷开关，一般简称为刀开关，按刀数分为单极、双极和三极，其外形及结构如图 3-17 所示。瓷底胶盖刀开关适用于交流 50Hz，额定电压单相 220V、三相 380V 及其以下，额定电流至 100A，可作为电路的总开关、支路开关，以及电灯、电热器等的操作开关，作为手动不频繁地接通和分断有负载电器及小容量线路的短路保护之用。

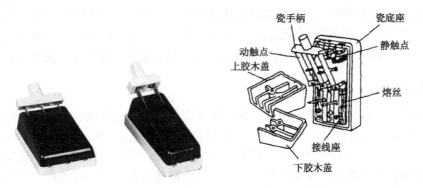

图 3-17 瓷底胶盖刀开关的外形及结构

瓷底胶盖刀开关的电路符号如图 3-18 所示，其型号规格如图 3-19 所示，如 HK2-30/3 为额定电压 380V、额定电流 30A、三极开启式负荷开关。

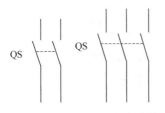

图 3-18 瓷底胶盖刀开关的电路符号

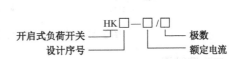

图 3-19 瓷底胶盖刀开关的型号规格

选择瓷底胶盖刀开关时，要求它的额定电压应不小于电路实际工作的最高电压；作电源的隔离开关用时，其额定电流等于或略大于负载的额定电流；用于控制电动机起、停操作时，电动机的容量一般限定在小于 7.5kW，瓷底胶盖刀开关的额定电流应大于电动机额定电流的 3 倍。

2．熔断器

熔断器是一种保护电器，主要应用于短路保护。熔断器的结构主要由熔体和外壳组成，其外形和结构如图 3-20 所示。由于熔断器串联在被保护的电路中，当过大的短路电流流过易熔合金制成的熔体时，熔体就会因过热而迅速熔断，从而达到保护电路及电气设备的目的。

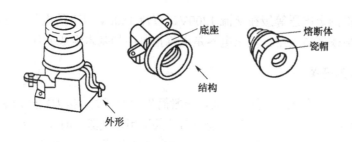

图 3-20　熔断器的外形及结构

由于熔体熔断所需的时间与通过熔体电流的大小有关，为了达到既能有效实现短路保护，又能维持设备正常工作的目的，一般情况下，通过熔体的电流等于或小于额定电流的 1.25 倍时，可以长期不熔断；超过其额定电流的倍数越大，熔体熔断的时间越短。

3．按钮开关

按钮开关是一种简单的手动电器。按钮开关主要由桥式动触点、静触点及按钮帽和复位弹簧组成，如图 3-21 所示。当用手按下按钮帽时，动触点向下移动，上面的动断触点（常闭）触电先断开，下面的动合触点（常开）触电后闭合。当松开按钮帽时，在复位弹簧的作用下，动触点自动复位，使动合触点先断开，动断触点后闭合。这种在一个按钮内分别安装有动断和动合触点的按钮称为复合按钮。

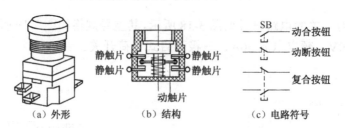

图 3-21　按钮开关的外形、结构及电路符号

4．交流接触器

交流接触器是一种自动控制电器，其结构主要由电磁铁和触点组两部分组成。电磁铁

的铁芯分为动、静铁芯，一般静铁芯是固定不动的，动铁芯在接触器线圈通电时，在电磁吸力作用下向静铁芯移动；线圈断电时，在复位弹簧作用下恢复到原来位置。接触器触点组的动触点与动铁芯直接相连，当动铁芯移动时，拖动动触点做相应的移动。

图 3-22 所示为交流接触器原理示意图。交流接触器的触点分为主触点和辅助触点。主触点通常为 3 对动合触点，它的接触面积较大，带有灭弧装置，所以允许通过较大的电流；辅助触点既有动合触点，又有动断触点。

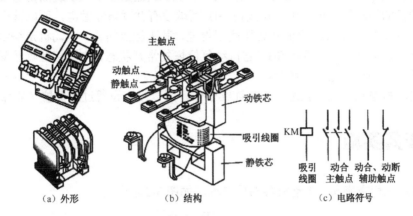

图 3-22 交流接触器的外形、结构及电路符号

（三）三相异步电动机的控制

1. 电气控制线路的主电路和控制电路

由电气控制元器件组成的具有控制主设备工作功能的线路称为电气控制线路。为了便于分析，一般将它们分成主电路和控制电路两部分进行研究。主电路是指直接控制用电设备（如电动机）接通、断开的电路，其特点是电压高、电流大。控制电路是指控制主电路工作的电路，其特点是电压低、电流小。在实际安装线路时，常将控制电路集中安装在一个控制柜中，以便操作和维修。

图 3-23 所示电路图中，左边连接电动机部分的电路为主电路，右边连接接触器线圈的电路部分为控制电路。

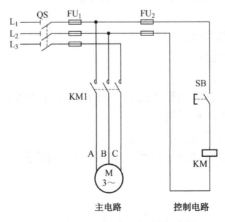

图 3-23 电动机点动控制电路图

2. 三相异步电动机点动控制

三相异步电动机点动控制的线路如图 3-23 所示。左侧的主电路图中，三相交流电源经隔离开关 QS、熔断器 FU_1、交流接触器 KM1 主触点加到异步电动机定子绕组上。主电路的工作由控制电路控制，按钮 SB 触点的通、断控制交流接触器 KM 线圈得电或断电，从而控制电动机的转动与停机。由于在按钮 SB 两端没有并联自锁触电，所以该电路只具有点动功能，即按下按钮 SB，交流接触器线圈得电，其主触点闭合，电动机定绕组得电，电动机起动并转入运行。松开按钮 SB，它自动复位恢复常开状态，交流接触器线圈断电，其主触点断开，电动机失电停止运行。

由于电动机是点动工作状态，不是连续工作，所以没有设置过载保护（热保护）。

四、任务实施

步骤 1：三相交流异步电动机各部件名称，如图 3-24 所示。

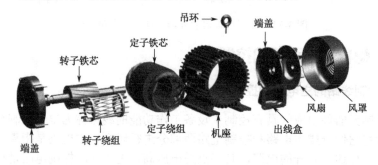

图 3-24　三相交流异步电动机各部件名称

步骤 2：三相交流异步电动机的拆装步骤。

（1）切断电动机电源；

（2）拆除电动机接线盒内的电源接线和接地线；

（3）卸电动机前端盖；

（4）卸电动机风叶罩和风叶；

（5）卸电动机后轴承外盖；

（6）卸电动机下后端盖；

（7）卸下电动机转子，在抽出转子之前，应在转子下面和定子绕组端部之间垫上厚纸板，以免抽出转子时碰伤铁芯和绕组。

电动机安装步骤与拆卸步骤正好相反。

步骤 3：拆装三相异步电动机。按照电动机拆装步骤练习拆装，注意不要损伤里面的线圈绕组。

五、学习任务评价

将本次学习任务的评价填写在表 3-3 中。

表 3-3 学习任务评价表

姓名：＿＿＿＿＿＿＿＿ 班级：＿＿＿＿＿＿＿＿ 实训日期：＿＿＿＿＿＿＿＿

任务名称						
评价项目	内容	评价标准	配分	自评	组评	师评
应知	1. 旋转磁场、三相电动机结构、低压控制电器等相关知识	(1) 掌握 20 分； (2) 熟悉 12 分； (3) 了解 8 分； (4) 不知道 0 分	20			
应会	2. 工作态度	(1) 态度好、认真者 5 分； (2) 较好 3 分； (3) 差 1 分	5			
	3. 电动机各部件名称	(1) 运用所学知识； (2) 答案正确	20			
	4. 电动机拆装	(1) 操作步骤正确； (2) 答案正确	50			
	5. 安全文明操作		5			
	6. 核定时间	每超过 5 分钟扣 5 分				
得分			100			
总分＝自评×20%＋小组评×30%＋教师评×50%						
自我小结						

任务三 拆装发电机

一、任务描述

发电机是将机械能转变为电能的电机。在汽车电源系统中，汽车发电机结构如图 3-25
所示，请指出图中主要部件的名称。练习拆装一台汽车发电机，并说出拆装步骤。

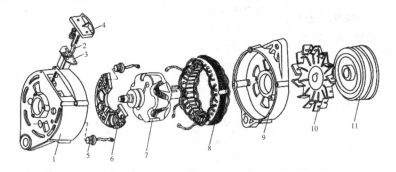

图 3-25　汽车发电机结构

二、任务分析

汽车电路中使用的是直流电。汽车不使用直流发电机，而是使用三相交流发电机产生
交流电压、电流，然后再通过整流器整流变成直流电，是由于交流发电机与传统的直流发
电机相比有如下优点：

（1）体积小、重量轻、功率大、结构简单、维修方便、使用寿命长。

（2）发动机低速运转时，对蓄电池的充电性能好。

（3）交流发电机工作时，不产生明显的火花，对无线电设备的干扰小。

（4）由于交流发电机使用体积小的硅整流元件将交流电转换为直流电，因此外部电
路简单。

所以要完成本任务，我们首先来一起学习三相交流发电机的结构和工作原理。

三、知识储备

（一）三相交流发电机的结构及工作原理

1. 三相交流发电机的结构

三相交流发电机由转子总成、定子总成、传动带轮、风扇、前后端盖及电刷等部件

组成。

1）转子

转子的作用是产生磁场。如图 3-26 所示，转子由转子轴、磁轭、励磁绕组、两块爪形磁极、集电环（滑环）等组成。其中，两块爪形磁极压装在转子轴上，其空腔内装有导磁绕组，励磁绕组的两根引出线分别与压装在轴上的集电环焊接在一起。集电环与轴绝缘，并与装在后端盖内的两个电刷相接触，两个电刷通过引线分别接在两个螺钉接线柱上，两个接线柱即为发电机的"+"极（电枢）和"–"极（搭铁）。当这两个接线柱与直流电源相接时，则有电流流过励磁绕组，从而产生磁场。

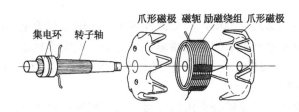

图 3-26　转子的结构

2）定子

定子由定子铁芯和定子绕组组成。定子铁芯由相互绝缘的内圆带嵌线槽的圆环状硅钢片叠压而成，嵌线槽内嵌入三相对称的定子绕组。绕组一般采用星形联结，即每相绕组的首端分别与整流器的硅二极管相接，每相绕组的尾端连接在一起，形成中性点（N），图 3-27 所示为定子绕组的结构及星形联结图。

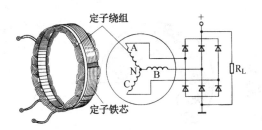

图 3-27　定子绕组的结构及星形联结图

3）前后端盖

前后端盖用来支承转子和固定定子，用非导磁材料铝合金制成，具有漏磁少、轻便、散热性好等优点。后端盖内装有电刷架和电刷等，外部装有接线柱。汽车上使用的交流发电机前后端盖上常设有通风口，在发电机工作时，对发电机内部起到冷却作用。

4）电刷与电刷架

两只电刷装在电刷架的孔内，并利用弹簧的压力使其与集电环保持良好接触。电刷与电刷架的结构有外装式和内装式两种，图 3-28 所示为两种结构的示意图。

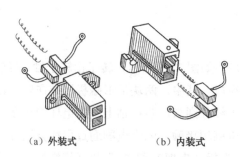

（a）外装式　　　　　（b）内装式

图 3-28　电刷、电刷架的两种结构示意图

5）整流器总成

汽车电路中使用的都是直流电，而交流发电机产生的是交流电，因此必须经过整流才能使用。整流主要由发电机内部的整流器总成来完成。整流器总成包括整流板（电路板）和二极管，其外形如图 3-29 所示。关于整流电路将在以后的课程中学习。

6）风扇及传动带轮

风扇一般由厚钢板冲压或铝合金压铸而成，是强制发电机散热的部件。传动带轮用铸铁或铝合金制成，有单槽及双槽两种。

2. 三相交流发电机的工作原理

发电机与电动机的工作原理类似。图 3-30 所示为同步发电机的工作原理。转子的励磁绕组通入直流电，产生磁场，当原动机拖动电子转子旋转时，磁场与定子绕组有相对运动，便在定子绕组中感应出交流电动势，即定子三相绕组会产生三相交流电动势。

  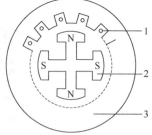

（a）整流板　　　　　（b）整流器总成　　　　　1—定子绕组；2—磁极；3—定子铁芯

图 3-29　整流器总成　　　　　图 3-30　同步发电机的工作原理

四、任务实施

步骤 1：发电机各部件名称，如图 3-31 所示。

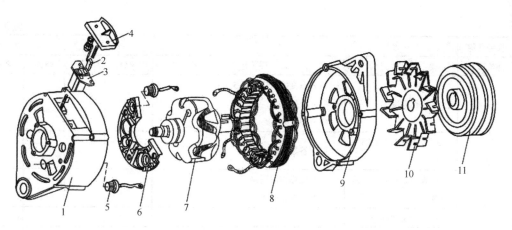

图 3-31 发电机各部件名称

1—后端盖；2—电刷；3—电刷架；4—电刷弹簧压盖；5—二极管；6—整流板；

7—转子；8—定子；9—前端盖；10—风扇；11—传动带轮

步骤 2：交流发电机的拆装步骤。

（1）拆下交流发电机的皮带轮和风扇；

（2）拆下电刷和弹簧；

（3）拆下后端盖；

（4）拆下前端盖和转子。

发电机安装步骤与拆卸步骤正好反过来。

步骤 3：拆装发电机。按照发电机拆装步骤练习拆装，注意不要损伤里面的线圈绕组。

五、学习任务评价

将本次学习任务的评价填写在表 3-4 中。

表 3-4 学习任务评价表

姓名：_____ 班级：_____ 实训日期：_____

任务名称							
评价项目	内容		评价标准	配分	自评	组评	师评
应知	1. 发电机分类、结构及工作原理等相关知识		（1）掌握 20 分； （2）熟悉 12 分； （3）了解 8 分； （4）不知道 0 分	20			

续表

任务名称						
评价项目	内容	评价标准	配分	自评	组评	师评
应会	2. 工作态度	(1) 态度好、认真者5分； (2) 较好3分； (3) 差1分	10			
	3. 发电机各主要部件名称	(1) 答案正确	10			
	4. 发电机安装、拆卸步骤	(1) 操作方法正确； (2) 答案正确	50			
	5. 安全文明操作		10			
	6. 核定时间	每超过5分钟扣5分				
得分			100			
总分＝自评×20%＋小组评×30%＋教师评×50%						
自我小结						

 项目操作指南

步骤 1：识读电路图。电路图中各元件名称：QS 是刀开关；FU_1 是主线路熔断器；FU_2 是控制线路的熔断器；KM_1 是交流接触器的常开主触点，KM 是交流接触器的线圈；SB 是启动按钮；M 是三相交流异步电动机。工作原理：启动时，合上刀开关 QS，引入三相电源。按下按钮 SB，交流接触器 KM 线圈得电吸合，主触点 KM_1 闭合，电动机 M 接通电源便启动运作。松开按钮 SB，按钮就在自身弹簧的作用下恢复到原来断开的位置，接触器 KM 线圈失电释放，接触器主触点 KM_1 断开，电动机 M 失电停止运转。按钮 SB 兼做停止按钮。这种"一按就动，一松就停"的电路称为点动控制电路。点动控制电路常用于调整机床、对刀动作等。

步骤 2：选择并检测元件。根据电动机功率，正确选择刀开关、接触器、熔断器、按钮。检查所有元件好坏，首先从外观和机械动作方面检查，完好后，再用仪表检查。

步骤 3：布局并固定元件。根据电气原理图设计电器布置图，如图 3-32 所示。并按电器布置图固定好元件。其中，XT 是接线端子排。

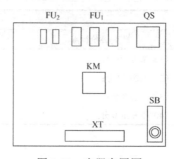

图 3-32　电器布置图

步骤 4：布线。先接主电路，后做控制电路，先串后并，从左到右，从上到下。要求能够用最短的导线连接出美观、正确的电路。应横平竖直，转弯成直角，尽量少交叉，多根导线并拢时平行走线。整齐、美观、接触紧密、绝缘性好、颜色分相，无反圈接，无压绝缘层，露铜不超过 2mm，每个端子连接导线不超过两根。

步骤 5：电路检查。分目测和仪表检查两种。用万用表检查主电路和控制电路，所测阻值应与理论分析值相符。

步骤 6：电路的运行与调试。经检查无误后，可在指导老师的监护下通电试运转，掌握操作方法，注意观察电器的动作及电动机的运转情况。实现电动机点动控制电路功能。

课后拓展

一、填空题

1. 磁感线分布_____的地方，磁场强；磁感线分布_____的地方，磁场弱。
2. 磁体和电流周围都存在_____。
3. 产生电磁感应的条件是_____。
4. 铁磁材料是指_____的材料，如_____。
5. 低压电器是指_____，对用电设备进行_____的电器。
6. 交流接触器是一种_____，主要有_____和_____两部分。
7. 熔断器是一种_____，主要应用于_____。
8. 三相异步电动机的转向是由_____决定的。
9. 发电机是将_____转变为_____的电机，是根据_____原理工作的。

二、简答题

1. 变压器的铁芯和绕组各有什么作用？
2. 定子铁芯是用什么材料制作的？有什么作用？
3. 转子铁芯是用什么材料制作的？有什么作用？

三、计算题

一单相变压器接到220V的交流电源上，变压器的二次绕组匝数为400匝，电压为110V，求一次绕组匝数？

项目四

制作直流稳压电源

项目描述

在日常生活中有很多的电子设备是需要直流稳压电源供电的，如手机、电脑等。在家庭生活用电中，直流稳压电源通常需要把 220V 的交流电源通过整流成直流，然后滤波并稳压后得到。

本项目是通过制作如图 4-1 所示直流稳压电路，学习整流、滤波、稳压电路的知识，识别基本电子元件，掌握组装直流稳压电源电路的技能。

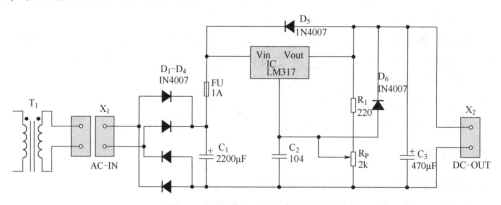

图 4-1　直流稳压电源电路原理图

具体内容

1. 根据给出的直流稳压电源电路原理图，正确无误地从提供的元、器件中选取所需的元、器件及功能部件。

2. 根据给出的直流稳压电源电路原理图，将选择的元、器件准确地焊接在提供的印制电路板上。焊点大小适中、光滑、圆润、干净，无毛刺；无漏、假、虚、连焊，引脚加工尺寸及成形符合工艺要求；导线长度、剥线头长度符合工艺要求，芯线完好，捻线头镀锡。

3. 根据给出的直流稳压电源电路原理图，把选取的电子元、器件及功能部件正确地装配在提供的印制电路板上。

4. 给已经焊接好的直流稳压电源电路板通电，检测该电源稳压后输出端的输出电压范围。调试实现稳定输出直流电压为 12V 的功能。

5. 安全文明操作。

项目学习目标

1. 知识目标：了解电容、电感、二极管等基本电子元件的类别、型号、规格和性能及好坏的判断；掌握半波整流、桥式整流、滤波电路、三端稳压电路的组成及电路原理。

2. 能力目标：能识别各类电容、电感、二极管；能判断电容、电感、二极管的质量好坏；能制作简单的直流稳压电源。

3. 素质目标：培养学生的安全意识，养成良好的6S管理工作作风。

任务一 识别常用电子元器件

一、任务描述

图 4-2 所示为某品牌汽车数字功放电路板，电路板上元件种类很多，常用的元件主要有电阻、电容、电感、二极管、晶体管等。请你从电路板上分别找出电容、电感和二极管元件，试述这些元件上标注参数的含义，使用万用表检测并判断这些元件的好坏。

图 4-2 汽车数字功放电路板

二、任务分析

电子元件是构成电子电路板的基本体，每个元件都在电路工作时发挥着它的作用。电路板中常用的电子元件有电阻、电容、电感、二极管及晶体三极管等。在电路发生故障时，要能根据故障现象分析各个元件的工作状态，正确判断故障原因，找出故障部位，及时准确排除故障点。因此经过本任务的学习后，我们要能正确识别各个元件，熟悉各元件的工作特点，并掌握其检测方法和技能。

三、知识储备

（一）电容

1. 电容器的结构及类型

电容器通常由电介质（绝缘材料）隔离的两块导电极板组成，如图 4-3 所示。电容器的基本作用就是充电和放电，因此它是一种储存电荷或存储电量的容器，广泛应用于隔直通交耦合、旁路、滤波、调谐回路，能量转换，控制电路等方面。

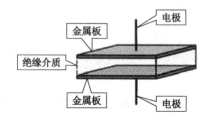

图 4-3　电容器结构示意图

电容的种类很多，按结构分有固定电容、可变电容、微调电容；按介质材料分有纸介电容、瓷介电容、玻璃釉电容、独石电容、涤纶电容、云母电容、铝电解电容、钽电解电容、聚苯乙烯电容、聚碳酸酯薄膜电容等；按极性分有有极性电容和无极性电容；按安装结构分有直插电容和贴片电容。几种常见电容的外形如图 4-4 所示。

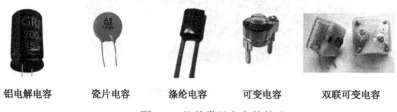

铝电解电容　　　瓷片电容　　　涤纶电容　　　可变电容　　　双联可变电容

图 4-4　几种常见电容的外形

2. 电容器的电路符号

电容器用字母 C 表示，它在电路图中的电路符号如图 4-5 所示。

电解电容　　　普通电容　　　可变电容　　　微调电容　　　双联可变电容

图 4-5　电容器的电路符号

3. 电容器的电气参数

（1）电容量。电容量指的是电容器的容量，反映电容器施加电压后储存电荷的能力或储存电荷的多少。电容量的基本单位是 F（法），其他单位还有：毫法（mF）、微法（μF）、纳法（nF）、皮法（pF）。换算关系：$1F = 10^6 μF$；$1μF = 10^3 nF = 10^6 pF$。

一般电解电容器的电容量范围为 0.47μF～10000μF，塑料薄膜电容器的电容量范围为 0.001μF～0.47μF，陶瓷电容器的电容量范围为 1pF～680pF。

（2）电容量的允许误差范围。电容量的允许误差是电容的标称容量与实际电容量的最大允许偏差范围，它有绝对误差和相对误差两种，通常以误差等级进行标注。

第一种，绝对误差，用绝对偏差值表示，通常用字母标注，以 pF 为单位，例如：B 代表±0.1pF；C 代表±0.25pF；D 代表±0.5pF；Y 代表±1pF；A 代表±1.5pF；V 代表±5pF。这种表达方式通常用于小容量电容器。

第二种，相对误差，用百分数表示，常用英文字母 J、K、M 等标注，J 代表±5%，K 代表±10%，M 代表±20%。也有用罗马字母Ⅰ、Ⅱ、Ⅲ表示的，如Ⅰ表示±5%，Ⅱ表示±10%，Ⅲ表示±20%。

（3）电容器的耐压值。电容器的耐压值指在允许环境、温度范围内，电容器长期安全工作所能承受的最大电压有效值。常用固定式电容器的直流工作电压系列为：6.3V，10V，16V，25V，40V，63V，100V，160V，250V，400V，500V，630V，1000V。在交流电压中，电容器的耐压值应大于电压的峰值，否则电容器可能被击穿。

4. 电容器的型号表示方法及参数识别

（1）直标法。直标法是指把电容器容量、耐压、误差等直接标在外壳上，如图 4-6 所示。有些电容值若是零点零几，常把整数位的"0"省去，如.01μF 表示容量为 0.01μF。

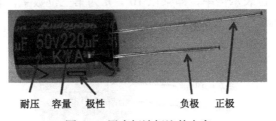

耐压　容量　极性　　　　负极　正极

图 4-6　用直标法标注的电容

（2）数字表示法。用数字表示法标注的电容容量只标数字不标单位，此法仅限单位为 pF 和 μF 的两种电容。当用整数表示时，单位为 pF；用小数表示时，单位为 μF。例如：电容量标注为"47"、"0.01"，分别表示电容值为 47pF、0.01μF。一般无极性电容默认单位为 pF，电解电容默认单位为 μF，如图 4-7 所示。

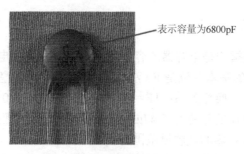

图 4-7 用数字表示法标注的电容

（3）数字字母表示法。数字字母表示法是指用数字和字母结合的办法来标注电容量，其标注方法是在容量数值的小数点位置用单位的字母表示，单位字母前面标出整数，后面标出小数，如 10p、2μ2 分别表示 10 pF、2.2μF，其允许偏差也用等级符号表示，如图 4-8 所示。

CL——涤纶薄膜电容
容量为 $47n = 47×10^3 pF$
误差为 $J = ±5\%$
耐压为 63V

图 4-8 用数字字母表示法标注的电容

（4）数码表示法。数码表示法一般用三位数字来表示容量的大小，单位为 pF。其中前两位为有效数字，后一位表示倍率，即乘以 10^n，n 为第三位数字，若第三位数字为 9，则乘 10^{-1}，如图 4-9 所示。

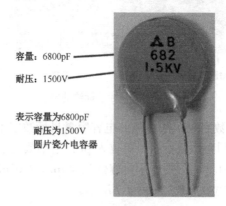

容量：6800pF
耐压：1500V

表示容量为6800pF
耐压为1500V
圆片瓷介电容器

图 4-9 用数码表示法标注的电容

（5）色标表示法。电容器的色标表示法与电阻器相似，单位为 pF，如图 4-10 所示，顺着引线方向，第一、二环表示有效值，第三环表示倍乘。也有用色点表示电容器主要参数的。

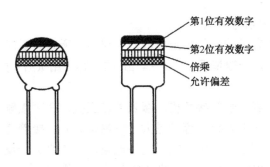

第1位有效数字
第2位有效数字
倍乘
允许偏差

图 4-10 用色标表示法标注的电器

5. 电容器的检测

1）固定电容器的检测

（1）10pF 以下的小电容器检测方法。因 10pF 以下的固定电容器容量太小，用万用表进行测量，只能定性地检查其是否有漏电、内部是否有短路或击穿现象（建议使用电感电容表或具有电容量测量功能的万用表测量）。测量时，可选用万用表 $R\times10k$ 挡，用两表笔分别任意接电容的两个引脚，阻值应为无穷大。若测出阻值（指针向右摆动）为零，则说明电容漏电损坏或内部击穿。

（2）检测 10pF～0.01μF 固定电容器。应检测是否有充电现象，进而判断其好坏。选用万用表 $R\times1k$ 挡和两只 β 值均为 100 以上的三极管，且穿透电流要小些，可选用 3DG6 等型号硅三极管组成的复合管。万用表的红和黑表笔分别与复合管的发射极 e 和集电极 c 相接，万用表指针摆动幅度很大，说明该电容正常。应注意的是：在测试操作时，特别是在测较小容量的电容时，要反复调换被测电容引脚接触点，才能明显地看到万用表指针的摆动。

（3）检测 0.01μF 以上的固定电容器。可用万用表的 $R\times1k$ 挡直接测试电容器有无充电过程以及有无内部短路或漏电。测试操作时，先用两表笔任意触碰电容的两引脚，然后调换表笔再触碰一次，如果电容是好的，万用表指针会向右摆动一下，随即向左迅速返回无穷大位置。电容量越大，指针摆动幅度越大。如果反复调换表笔触碰电容两引脚，万用表指针始终不向右摆动，可以判断该电容已开路。测量中，若指针向右摆动后不能再向左回到无穷大位置，说明该电容漏电或已经击穿。检测示意图如图 4-11 所示。

图 4-11 电容的检测

2）电解电容器的识别与检测

因为电解电容器的容量较一般固定电容器大得多，所以测量时，应针对不同容量选用合适的量程。根据经验，一般情况下，1～47μF 的电容可用 $R×1k$ 挡测量，大于 47μF 的电容可用 $R×100$ 挡测量。

检测方法：将万用表红表笔接负极，黑表笔接正极，在刚接触的瞬间，万用表指针即向右偏转较大（对于同一电阻挡，容量越大，摆幅越大），接着逐渐向左回转，直到停在某一位置。此时的阻值便是电解电容的正向漏电阻，此值略大于反向漏电阻。实际使用经验表明，电解电容的漏电阻一般应在几百 kΩ 以上，否则将不能正常工作。在测试中，若正向、反向均无充电的现象，即表针不动，则说明容量消失或内部断路；如果所测阻值很小或为零，说明电容漏电或已击穿损坏，不能再使用。

对于正、负极标志不明的电解电容器，可先任意测一下漏电阻，记住其大小，然后交换表笔再测出一个阻值。两次测量中阻值大的那一次便是正向接法，即黑表笔接的是正极，红表笔接的是负极。

3）可变电容器的识别与检测

用手轻轻旋动可变电容器的转轴，应感觉十分平滑，不应感觉有时松时紧甚至有卡滞现象。将转轴向前、后、上、下、左、右等各个方向推动时，转轴不应有松动的现象。

用一只手旋动转轴，另一只手轻摸动片组的外缘，不应感觉有任何松脱现象。转轴与动片之间接触不良的可变电容器，是不能再继续使用的。

将万用表置于 $R×10k$ 挡，一只手将两个表笔分别接可变电容器的动片和定片的引出端，另一只手将转轴缓缓旋动几个来回，万用表指针都应在无穷大位置不动。在旋动转轴的过程中，如果指针有时指向零，说明动片和定片之间存在短路点；如果碰到某一角度，万用表读数不为无穷大而是出现一定阻值，说明可变电容器动片与定片之间存在漏电现象。

练一练 识读图 4-12 所示的几种电容，并把识读结果填入表 4-1 中。

(a)　　(b)　　(c)　　(d)　　(e)

图 4-12　识读几种常见的电容器

表 4-1　识读电容器记录表

序号	(a)	(b)	(c)	(d)	(e)
电容类型					
电容量					
耐压值					

（二）电感

1. 电感的结构及类型

当线圈通过电流后，在线圈中形成磁场感应，感应磁场又会产生感应电流来抵制通过线圈中的电流，这种电流与线圈的相互作用关系称为电的感抗，也就是电感。它是能够把电能转化为磁能而存储起来的元件，具有阻止交流电通过而让直流电顺利通过的特性。

电感的种类很多，分类也多种多样，一般根据电感量是否可变，主要可以分为固定电感器和可调电感器两种。电感器的电路符号用 L 表示。

常见的电感器实物外形及电路符号如图 4-13 所示。

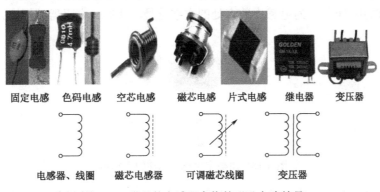

图 4-13 常见的电感器实物外形及电路符号

2. 电感的基本参数

（1）电感量。电感器通入电流时，线圈周围产生磁场，线圈就有磁通量，通过线圈的磁通量和通入的电流比值称为自感系数，也叫做电感量。

电感量的单位为亨利，简称亨，符号为 H。常用单位还有毫亨（mH）、微亨（μH），换算关系：$1H = 10^3 mH = 10^6 \mu H$。

（2）感抗（XL）。电感线圈对交流电流阻碍作用的大小称为感抗，单位是欧姆（Ω）。

（3）电感量允许偏差。电感线圈电感量的允许偏差是指实际电感量能达到要求电感量的精度。允许偏差采用百分数表示，一般用文字符号 J、K、M 或者 I、II、III 标注允许偏差等级，例如：J 或 I 表示 ±5%；K 或 II 表示 ±10%；M 或 III 表示 ±20%。

3. 电感的标注方法

（1）直标法。直标法是指将标称电感量用数字直接标注在电感线圈的外壳上，如图 4-14 所示。

图 4-14 用直标法标注的电感器

（2）色标法。色标法是指在电感线圈的外壳上使用颜色环或色点表示其参数（与电阻器色标法相同），如图 4-15 所示。

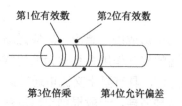

图 4-15 用色标法标注的电感器

（3）数字字母法。数字字母法是指用数字和字母表示电感的标称容量及允许偏差，当其单位为 μH 时用 "R" 作为电感小数点处的文字符号，其他与电阻器的标注方法相同，如图 4-16 所示。

电感量：4.7μH

偏　差：±20%

图 4-16 用数字字母法标注的电感器

（4）数码法。电感的数码标示法与电阻器一样，前面的两位数为有效数，第三位为倍乘，单位为 μH。

4. 电感的检测

检测电感时，使用万用表粗略测量直流电阻即可，即使用万用表的欧姆挡检测电感器的阻值。一般情况下，电感的阻值较小，为零点几欧至几欧（扼流圈的直流电阻值稍大些，为几百欧至几千欧）。若实测电感器的直流电阻值为无穷大，则表明电感器内部线圈或引出端已断路。

（三）二极管

1. 二极管的结构及工作特性

导电能力介于导体与绝缘体之间的物质称为半导体。二极管是由半导体材料制成的，其核心是 PN 结，PN 结具有单向导电性，这也是二极管的主要特性。PN 结就是利用特殊的掺杂工艺，在 N 型和 P 型半导体交界处出现的接触面。二极管由一个 PN 结、两条电极引线和管壳构成。二极管的结构及电路符号如图 4-17 所示。文字符号为 "V"，箭头所指方向为正电流通过的方向。

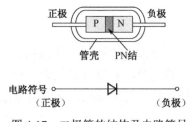

图 4-17　二极管的结构及电路符号

在电子电路中，将二极管的正极（P区）接在高电位端，负极（N区）接在低电位端，二极管就会导通，这是二极管的"正向导通"特性，这样的连接方式称为正向偏置，如图 4-18（a）所示。但当加在二极管两端的正向电压很小时，二极管仍然不能导通，只有当正向电压达到某一数值时二极管才能导通，这一数值称为"死区电压"，一般锗管约为 0.2V，硅管约为 0.5V。导通后二极管两端的电压基本上保持不变，这个电压称为二极管的"正向压降"，锗管约为 0.3V，硅管约为 0.7V。

将二极管的正极（P区）接在低电位端，负极（N区）接在高电位端，此时二极管中几乎没有电流流过，此时二极管处于截止状态，这是二极管的"反向截止"特性，这样的连接方式称为反向偏置，如图 4-18（b）所示。二极管处于反向偏置时，仍然会有微弱的反向电流流过二极管，称为漏电流。当二极管两端的反向电压增大到某一数值，反向电流会急剧增大，二极管将失去单向导电特性，此时二极管被击穿，这就是二极管的"反向击穿"工作特性。稳压二极管就是利用了这一特性进行稳压的。

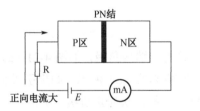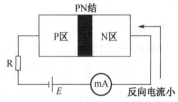

（a）加正向电压（正向偏置）　　　　　　　（b）加反向电压（反向偏置）

图 4-18　二极管的工作特性

想一想　如图 4-19 所示二极管的应用电路中，$E_1=7V$，$E_2=5V$，$E_3=6V$。设二极管的导通电压 $U_{on}=0.6V$，不计正向电阻 r_d 时，分别估算开关在位置 1 和位置 2 的输出电压 U_o 的值。

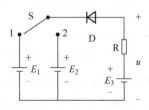

图 4-19　二极管应用电路

2．二极管的分类

二极管按内部结构的不同，可分为点接触型、面接触型和平面型；按半导体材料分，有硅二极管、锗二极管等；按用途划分，有整流二极管、检波二极管、稳压二极管、开关二极管、发光二极管、变容二极管等。几种特殊二极管的电路符号如图 4-20 所示。

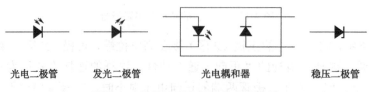

| 光电二极管 | 发光二极管 | 光电耦和器 | 稳压二极管 |

图 4-20　几种特殊二极管的电路符号

3．二极管的主要技术参数

（1）额定正向工作电流。额定正向工作电流指二极管长期连续工作时允许通过的最大正向电流值。二极管使用中不要超过规定的工作电流值。常用的 IN4001 二极管的额定正向工作电流为 1A。

（2）最高反向工作电压。加在二极管两端的反向工作电压高到一定值时，管子将会击穿，失去单向导电能力。例如，IN4001 二极管反向耐压为 50V，IN4007 的反向耐压为 1000V。

4．二极管的识别与检测

1）正负极的识别

对于普通二极管，可以看管体表面，有白线的一端为负极，如图 4-21（a）所示。对于发光二极管，引脚长的为正极，短的为负极，如图 4-21（b）所示。如果引脚被剪得一样长了，发光二极管管体内部金属极较小的是正极，大的片状的是负极，如图 4-21（c）所示。

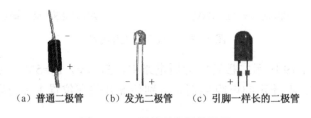

（a）普通二极管　　（b）发光二极管　　（c）引脚一样长的二极管

图 4-21　二极管正负极的识别

如果二极管的正负极标记模糊不清，可以用万用表进行测试判别。

用指针式万用表判断的方法：将万用表调到 $R\times1k$ 挡，用红黑表笔分别与二极管的两个电极相接，测得两个方向阻抗相差很大，测得阻值小的那次，则黑表笔接的就是二极管的正极，如图 4-22 所示。（注意：在用万用表电阻挡测试时，电表内的电池正极是接在黑表笔一端的。）

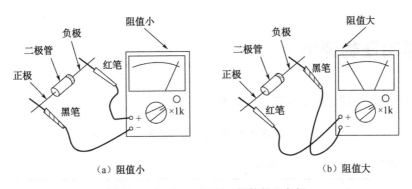

图 4-22　用万用表识别二极管的正负极

　　用数字万用表判断的方法：同样可以用 $R×1k$ 挡测量，测得阻值小的那次，则黑表笔接的应是二极管的负极，因为数字万用表黑表笔是与电池负极连在一起的。大部分数字万用表还提供二极管测试挡，用红黑表笔分别与二极管的两个电极相接，有一次的读数为无穷大，而另一次则有一个读数，则有读数的那次红表笔所连的那端为二极管的正极。

　　2）二极管的质量检测

　　正向特性测试：用指针式万用表的黑表笔（表内正极）接触二极管的正极，红表笔（表内负极）接触二极管的负极。若表针不摆到 0 值而是停在刻度盘的某一数值处，这时的阻值就是二极管的正向电阻。一般正向电阻越小越好。若正向电阻为 0，说明管芯短路损坏；若正向电阻接近无穷大，说明管芯断路。短路和断路的管子都不能使用。

　　反向特性测试：用指针式万用表的红表笔接触二极管的正极，黑表笔接触二极管的负极，若表针指在无穷大值或接近无穷大值，管子就是合格的。

四、任务实施

　　步骤 1：识别和检测电容器。在提供的电路板上辨别出 4 种不同容量、不同类型的电容，如铝电解电容、瓷片电容、涤纶电容、可变电容等。从电容器上的标识读出电容容量及耐压值。用万用表电阻挡简单判断它的好坏。

　　步骤 2：识别和检测电感器。在提供的电路板上辨别出 2 种不同类型的电感器，如变压器、继电器中的线圈等。用万用表电阻挡简单判断它的好坏。

　　步骤 3：识别和检测二极管。在提供的电路板上辨别出 2 种不同类型的二极管，如整流二极管、发光二极管、稳压二极管、光电二极管等。识读出二极管的正负极，用万用表电阻挡简单判断它的好坏。

五、学习任务评价

将本次学习任务的评价填写在表 4-2 中。

表 4-2　学习任务评价表

姓名：_____　班级：_____　实训日期：_____

任务名称						
评价项目	内容	评价标准	配分	自评	组评	师评
应知	1. 电容、电感、二极管的结构及工作特点	（1）掌握得 20 分； （2）熟悉得 12 分； （3）了解得 8 分； （4）不知道 0 分	20			
应会	2. 识别和检测电容	（1）能识别电容得 5 分； （2）会识读电容参数得 5 分； （3）正确检测得 5 分； （4）填写实训报告正确完整得 5 分。识别错一只扣 5 分	20			
	3. 识别和检测电感	（1）能识别电感得 5 分； （2）会识读电感参数得 5 分； （3）正确检测得 5 分； （4）填写实训报告正确完整得 5 分。识别错一只扣 5 分	20			
	4. 识别和检测二极管	（1）能识别二极管得 5 分； （2）会判断正负极得 5 分； （3）正确检测得 5 分； （4）填写实训报告正确完整得 5 分。识别错一只扣 5 分	20			
	5. 安全操作	违反一次扣 1～10 分	10			
	6. 6S 管理	工具、器件不整齐扣 1～10 分	10			
	7. 核定时间	每超过 5 分钟扣 5 分				
得分			100			
	总分＝自评×20%＋小组评×30%＋教师评×50%					
自我小结						

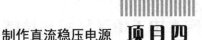

任务二 分析直流稳压电路

一、任务描述

在实际工作和日常生活中使用的许多电子设备，如手机、数码相机等，都需要直流电源供电。图 4-23 所示为某个型号直流稳压电源的电路原理图。试画出该直流稳压电源的组成方框图，并叙述该直流稳压电源中各元器件的作用及工作原理。

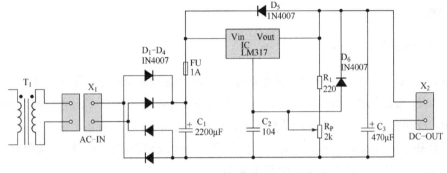

图 4-23　直流稳压电路原理图

二、任务分析

直流稳压电源是一种当电网电压波动或负载改变时，能保持输出直流电压基本不变的电源电路。目前电力网供给的电能都是交流电，因此在电子设备中需要将电网交流电源变换成直流电。我们要完成这个任务，需要学习直流稳压电路的相关知识，掌握它们的典型电路及工作特点。

三、知识储备

直流稳压电源主要由电源变压器、整流电路、滤波电路和稳压电路组成，如图 4-24 所示。

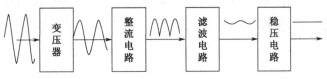

图 4-24　直流稳压电源的组成

电源变压器:利用变压器先将220V的电压降压到所需要的交流电压。

整流电路:将大小、方向随时间变化的正弦交流电转换成单向脉动的直流电。

滤波电路:将整流后的单向脉动直流电压变成平滑的直流电压。

稳压电路:使输出的直流电压在市电电压或负载电流发生变化时保持稳定。

(一)整流电路

电力网供给用户的是交流电,而各种用电装置需要用直流电。整流,就是把交流电变为直流电的过程。利用具有单向导电特性的器件,可以把方向和大小交变的电流变换为直流电。较为常见的是利用晶体二极管组成的整流电路,主要有半波整流电路、全波整流电路和桥式整流电路三种。

1. 半波整流电路

图4-25所示是一种最简单的半波整流电路。它由电源变压器B、整流二极管D和负载电阻R_{fz}组成。变压器把市电电压(220V)变换为所需要的交变电压E_2,它的波形如图4-26(a)所示。D再把交流电变换为脉动直流电,波形如图4-26(b)所示。整流得出的电压平均值,即负载上的直流电压$U_{sc}=0.45E_2$。由此可见,电流利用率很低,因此常用在高电压、小电流的场合,而在一般电子装置中很少采用。

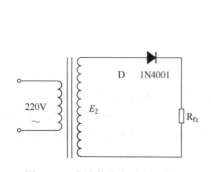

图4-25　半波整流电路原理图

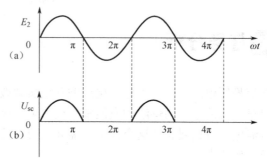

图4-26　半波整流波形图

2. 全波整流电路

全波整流电路如图4-27所示。从图4-28的波形图来看,全波整流把正、负半周都得以利用,提高了整流效率($U_{sc}=0.9E_2$,比半波整流时大1倍)。全波整流电路需要变压器有一个中心抽头,这给制作上带来了很多的麻烦。另外这种电路中,每只整流二极管承受的最大反向电压,是变压器次级电压最大值的2倍,因此需用能承受较高电压的二极管。

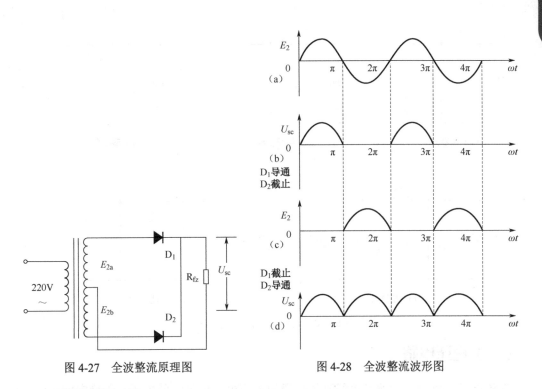

图 4-27 全波整流原理图　　图 4-28 全波整流波形图

3. 桥式整流电路

桥式整流电路是使用最多的一种整流电路，其电路原理图如图 4-29 所示。其波形图和全波整流波形图是一样的。桥式整流电路中每只二极管承受的反向电压等于变压器次级电压的最大值，比全波整流电路小一半，所以这种电路具有全波整流电路的优点，同时在一定程度上克服了全波整流电路的缺点。

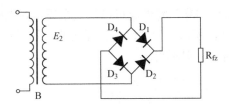

图 4-29 桥式整流电路原理图

（二）滤波电路

从整流后的波形图看，波形中含有较大的脉动成分。为获得比较理想的直流电压，需要利用具有储能作用的电抗性元件（如电容、电感）组成的滤波电路，来滤除整流电路输出电压中的脉动成分，以获得更平滑的直流电压。

常用的滤波电路有无源滤波和有源滤波两大类。无源滤波的主要形式有电容滤波、电感滤波和复式滤波（包括倒 L 型、LC 滤波、LCπ 型滤波等）。有源滤波的主要形式是有源 RC 滤波，也被称作电子滤波器。几种常见的滤波电路如图 4-30 所示。

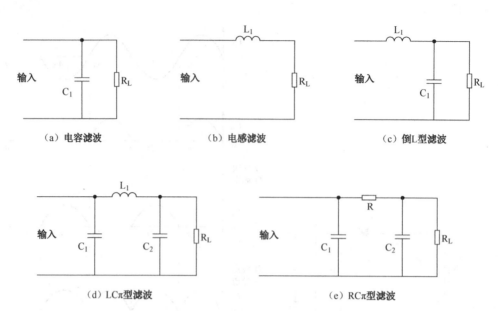

（a）电容滤波　　　（b）电感滤波　　　（c）倒L型滤波

（d）LCπ型滤波　　　　　（e）RCπ型滤波

图 4-30　几种常见的滤波电路

（三）稳压电路

交流电经过整流、滤波可以得到较平滑的直流电，但是它的电压是不稳定的：供电电压的变化或用电电流的变化，都能引起电源电压的波动。要获得稳定不变的直流电源，还必须再增加稳压电路。常见的稳压电路有稳压二极管稳压电路、串联调整管稳压电路、开关型稳压电路、三端集成稳压电路等。

1. 稳压二极管稳压电路

利用稳压二极管的"反向击穿"特性就可以稳定电压，其电路如图 4-31 所示。由于稳压二极管 V_Z 与负载 R_L 并联，所以称为并联型稳压电路。这种稳压电路只用于稳定局部的直流电压，在整机电源电路中一般不用。

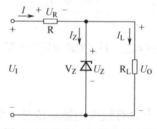

图 4-31　稳压二极管稳压电路

2. 三端集成稳压电路

三端集成稳压电路的应用较为广泛，它采用和三极管同样的封装，使用简单，外接元件少，性能稳定。

三端稳压器可分为固定式和可调式两类。

三端固定式集成稳压器常用 78 系列（正电源）和 79 系列（负电源），其外形如图 4-32 所示。型号命名如图 4-33 所示，它的输出电压由后面两个数字代表，有 5V、6V、8V、9V、12V、15V、18V、24V 等档次。输出电流以 78（或 79）后面加字母来区分，L 表示 0.1A，M 表示 0.5A，无字母表示 1.5A，如 78L05 表示输出正电压 5V，输出电流 0.1A。

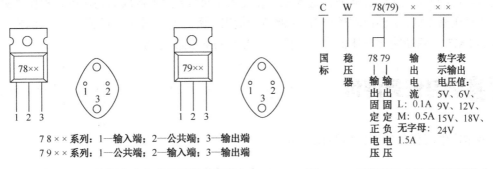

图 4-32 三端固定式集成稳压器的外形　　　　图 4-33 三端固定式集成稳压器的命名

三端可调式集成稳压器常用正电压的 W117/W217/W317 系列和负电压的 W337 系列，其外形如图 4-34 所示，其型号命名如图 4-35 所示。该系列的稳压器调压范围为 1.2～37V，最大输出电流为 1.5A。例如，图 4-23 中 LM317 就是一个输出为正电压的可调式三端集成稳压器。

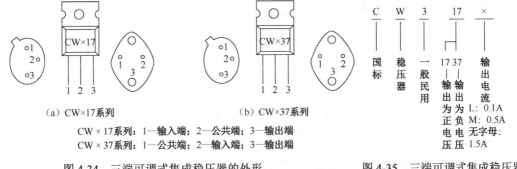

（a）CW×17系列　　　　　　　（b）CW×37系列

CW × 17系列：1—输入端；2—公共端；3—输出端
CW × 37系列：1—公共端；2—输入端；3—输出端

图 4-34 三端可调式集成稳压器的外形　　　　图 4-35 三端可调式集成稳压器的命名

四、任务实施

步骤 1：画直流稳压电路方框图。直流稳压电源主要由电源变压器、整流电路、滤波电路和稳压电路组成，如图 4-24 所示。

步骤 2：各元件作用。变压器 T_1：把 220V 交流电压降为合适的低压交流电，降压作用；整流二极管 D_1—D_4：构成桥式整流电路，把交流电变为直流电；FU：保险电阻，过流保护作用；铝电解电容 C_1：构成大电容滤波电路，滤除直流电中的交流成分；集成电路 LM317：与二极管 D_5、D_6、电阻 R_1、电位器 R_P、电容 C_2 构成三端集成可调稳压电路，当电网电压或负载发生变化时，保持输出直流电压稳定，其中 D_5、D_6 具有保护三端稳压器的作用，R_1、R_P 具有取样和调压作用，C_2 具有取样滤波作用；铝电解电容 C_3：三端稳压器输出端滤波电容，起稳定输出作用。

步骤 3：电路工作原理。该直流稳压电源电路的工作原理：220V 交流电经变压器降压，变为合适的低压交流电 U_2，U_2 经整流二极管 D_1—D_4 构成的桥式整流电路整流后变为脉动直流电，再经滤波电路 C_1 滤波，送入三端稳压器 LM317 为主构成的稳压电路稳压，最后经三端稳压器 LM317 输出端的电容 C_3 滤波后输出。调节电位器 R_P 的阻值即可以调整三端稳压器 LM317 两端输出电压的大小，实现 1.25～37V 连续可调。

五、学习任务评价

将本次学习任务的评价填写在表 4-3 中。

表 4-3　学习任务评价表

姓名：＿＿＿＿＿＿　　　班级：＿＿＿＿＿＿＿＿　　实训日期：＿＿＿＿＿＿＿＿

任务名称						
评价项目	内容	评价标准	配分	自评	组评	师评
应知	1. 整流电路、滤波电路、稳压电路的原理图及工作特点	（1）掌握得 20 分； （2）熟悉得 12 分； （3）了解得 8 分； （4）不知道 0 分	20			
应会	2. 画直流稳压电路的方框图	（1）绘制错误不得分	20			
	3. 叙述各元件作用	（1）每错一处扣 2 分	20			
	4. 识读电路图	（1）识读错一个分立电路扣 5 分	20			
	5. 分析电路工作原理	（1）分析错误一处扣 5 分	20			
得分			100			
	总分＝自评×20%＋小组评×30%＋教师评×50%					
自我小结						

项目操作指南

步骤 1：清点和检测元器件。根据直流稳压电源电路原理图，清点元器件，使用万用表检测元器件的好坏。

步骤 2：焊接和组装。根据直流稳压电源电路原理图，选择元器件和功能部件，准确地焊接或装配在印刷电路板上，焊点、装配满足工艺要求。注意元器件安装位置要正确、焊接时间不要过长、防止电烙铁漏电等。图 4-36 所示为做好的三端可调式集成稳压电路成品。

图 4-36　三端可调式集成稳压电路成品

　　步骤 3：检测电路。检查焊接和元件安装都没有问题后，给电路板接入 220V 交流电，把电位器旋钮调至最上端，用万用表直流电压挡测量输出端 C_3 两端电压；把电位器旋钮调至最下端，再测量输出端 C_3 两端电压，即可得出该直流稳压电源输出直流电压的范围。

　　步骤 4：调试电路。通过以上的检测后，用万用表直流电压挡测量输出端 C_3 两端电压；缓慢调电位器旋钮，当万用表指示为直流电压 12V 时，即实现该电路功能。

课后拓展

一、填空题

　　1. 二极管具有＿＿＿＿＿＿特性，外加正向电压时，二极管＿＿＿＿＿，外加反向电压时，二极管＿＿＿＿＿＿。

　　2. 二极管按材料不同可分为＿＿＿＿＿、＿＿＿＿＿，前者正向工作电压为＿＿V，后者正向工作电压为＿＿＿V。

　　3. 二极管导通时，电流是从＿＿＿＿＿＿极流出，从＿＿＿＿＿＿极流入。

　　4. 稳压二极管正常工作时，应使其工作在＿＿＿＿＿＿＿状态。

　　5. 二极管的正向电位是-10V，负极电位是-5V，则该二极管处于＿＿＿＿＿状态。

　　6. 半波整流电路和桥式整流电路相比，输出电压较小的是＿＿＿＿＿＿电路。

　　7. 整流电路的功能是＿＿＿＿＿＿＿＿＿＿＿＿＿＿＿＿＿＿＿＿＿＿＿＿＿＿。

　　8. 滤波电路的功能是＿＿＿＿＿＿＿＿＿＿＿＿＿＿＿＿＿＿＿＿＿＿＿＿＿＿。

　　9. 稳压电路的功能是＿＿＿＿＿＿＿＿＿＿＿＿＿＿＿＿＿＿＿＿＿＿＿＿＿＿。

　　10. 锗二极管的死区电压是＿＿＿＿＿V，硅二极管的死区电压是＿＿＿＿＿V。

二、单项选择题

　　1. 在桥式整流电路中，若有一个二极管断开，则负载两端的直流电压将（　　　）。

　　　　A. 变为零　　　　　　B. 降低　　　　　　　　C. 升高　　　　　　　　D. 保持不变

　　2. 要获得 9V 的稳定电压，集成稳压器的型号应选用（　　　）。

A. CW7809　　　B. CW7812　　　C. CW7909　　　D. CW7912

3. 单相桥式整流电路中，接入电容滤波器后，输出直流电压将（　　）。

　A. 变为零　　　　B. 降低　　　　C. 升高　　　　D. 保持不变

4. CW7900 系列稳压器 1 脚为（　　）。

　A. 输入端　　　B. 输出端　　　C. 调整端　　　D. 接地端

5. 三端可调式稳压器 CW317 的 1 脚为（　　）。

　A. 输入端　　　B. 输出端　　　C. 调整端　　　D. 接地端

6. 用指针式万用表 $R\times1k$ 挡测二极管，若红表笔接正极，黑表笔接负极时，读数为 $50k\Omega$；换用黑表笔接正极，红表笔接负极时读数为 $1k\Omega$，则这只二极管的情况是（　　）。

　A. 内部已断路不能用　　　　　　B. 内部已短路不能用

　C. 没有坏，但性能不好　　　　　D. 性能良好

7. 单相半波整流电路中，负载电阻 R_L 上平均电压等于（　　）。

　A. $0.45U_2$　　　B. $0.9U_2$　　　C. U_2　　　D. $1.2U_2$

8. 单相桥式或全波整流电路，经电容滤波后，负载电阻 R_L 上平均电压等于（　　）。

　A. $0.9U_2$　　　B. U_2　　　C. $1.2U_2$　　　D. $1.4U_2$

9. 用直流电压表测量一只接在电路中的稳压管的电压，读数只有 0.7V，这种情况表明该稳压管（　　）。

　A. 工作正常　　　B. 接反　　　C. 已经击穿　　　D. 烧毁

10. 有两个稳压二极管，一个稳压值是 8V，另一个稳压值是 7.5V，若把两管的正极并接，再将负极并接，组合成一个稳压管接入电路，这时组合管的稳压值是（　　）。

　A. 0.7V　　　B. 7.5V　　　C. 8V　　　D. 15.5V

三、判断题

1. 二极管导通时，电流是从其负极流出，从正极流入。　　　　　　　（　　）

2. 硅二极管的正向导通电压是 0.5V。　　　　　　　　　　　　　　（　　）

3. 用指针式万用表检测某二极管的正向电阻时，插在万用表标有"+"号插孔中的测试笔所接的二极管的管脚是二极管的阳极，另一电极是阴极。　　　（　　）

4. 整流输出电压加电容滤波后，电压波动性减小，故输出电压也下降。（　　）

5. 当二极管加上 0.3V 正向电压时，该二极管相当于阻值很大的电阻。（　　）

6. 二极管击穿后会立即烧毁。　　　　　　　　　　　　　　　　　（　　）

四、画图题

1. 画出稳压、光敏、变容、发光二极管的电路图形符号。

2. 分别画出整流、滤波、稳压的一种分立电路图。

项目五

安装倒车报警器

项目描述

在经济不断发展的今天，汽车这种交通工具越来越普及，这就会导致在倒车时如果有一些驾驶员不够小心，对预判距离经验不足，有可能导致摩擦、碰撞行人。如果汽车倒车时能够提醒行人注意安全，这样就可以避免很多不必要的麻烦发生。

本项目是组装倒车报警器电路，倒车报警器电路原理图如图 5-1 所示。

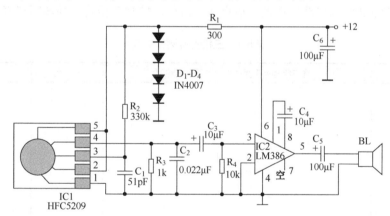

图 5-1　倒车报警器电路原理图

具体内容

1. 根据给出的倒车报警器电路原理图，正确无误地从提供的元、器件中选取所需的元、器件及功能部件。

2. 根据给出的倒车报警器电路原理图，将选择的元、器件准确地焊接在提供的印制电路板上。焊点大小适中、光滑、圆润、干净，无毛刺；无漏、假、虚、连焊，引脚加工尺寸及成形符合工艺要求；导线长度、剥线头长度符合工艺要求，芯线完好，捻线头镀锡。

3. 根据给出的倒车报警器电路原理图，把选取的电子元器件及功能部件正确地装配在提供的印制电路板上。

4. 给已经焊接好的倒车报警器电路板通电并调试，实现扬声器发出"请注意，倒车！"的语音提示功能。

1. 知识目标：了解晶体管放大电路、集成功放电路、集成运放的种类、电路结构，掌握它们的电路特点及其应用知识。

2. 能力目标：能运用所学的知识，识读倒车报警器电路原理图，正确选择和检测元、器件，按照工艺要求正确安装并调试倒车报警器，实现功能。

3. 素质目标：通过学习，培养学生收集查找资料和交流沟通的能力，养成规范安装电子产品的职业素养。

任务一 安装基本放大电路

一、任务描述

1. 根据图 5-2 所示电路原理图，清点元、器件，检测三极管，并填写在表 5-1 中。

表 5-1 三极管检测任务表

测试项目	在三极管外形图中标出各管脚名称	管型	质量好坏
VT	9013		

2. 安装如图 5-2 所示基本放大电路。
3. 对电路进行电压检测，并填写在表 5-2 中。

表 5-2 电压检测任务表

测试项目	V_b	V_e	V_c	工作状态
VT				

4. 试述如图 5-2 所示基本放大电路中各元器件的作用。

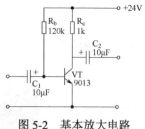

图 5-2　基本放大电路

二、任务分析

放大电路能够将一个微弱的交流小信号（叠加在直流工作点上），通过一个装置（核心为三极管、场效应管），得到一个波形相似（不失真），但幅值却大很多的交流大信号的输出。要完成这个任务，我们必须学习晶体管、基本放大电路的组成、简单静态工作点的计算、常见放大器以及应用。

三、知识储备

（一）晶体管

半导体晶体管是一种固体半导体器件，具有检波、整流、放大、开关、稳压、信号调制等多种功能，应用十分广泛。半导体晶体管有两大类型，一是双极型晶体管，二是单极型场效应管。这里主要讨论双极型晶体管，简称晶体管。

1．晶体管结构及类型

晶体管，本名是半导体三极管，内部含有两个 PN 结，包含发射区、基区、集电区，外部通常为引出发射极、基极、集电极的半导体器件。

按使用的半导体材料可分为硅材料晶体管和锗材料晶体管；按 PN 结组合方式可分为 NPN 型晶体管、PNP 晶体管；按电流容量可分为小功率晶体管、中功率晶体管和大功率晶体管；按功能和用途可分为低噪声放大晶体管、中高频放大晶体管、低频放大晶体管、开关晶体管、达林顿晶体管等多种类型。它的结构及电路符号如图 5-3 所示。

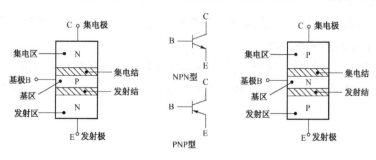

图 5-3　晶体管的结构及电路符号

2. 电流的放大作用

按图 5-4 电路原理图做实验，实物接线图如图 5-5 所示，得出晶体管各级电流的数据如表 5-3 所示。

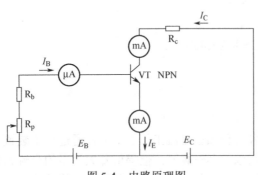

图 5-4 电路原理图

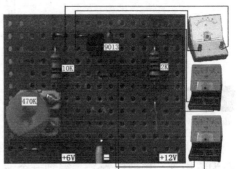

图 5-5 实物接线图

表 5-3 晶体管各级电流

I_B/mA	0	0.02	0.04	0.05	0.08	0.1
I_C/mA	0.005	0.99	2.08	3.17	4.26	5.4
I_E/mA	0.005	1.01	2.12	3.23	4.34	5.5

分析数据得出结论：

（1）晶体管各极电流分配关系：$I_E = I_B + I_C$。

（2）且 $I_E \approx I_C >> I_B$。

（3）I_B 的微小变化会引起 I_C 较大的变化，所以晶体管具有电流放大作用。实质上是用较小的基极电流信号控制较大的集电极电流信号。要实现这个电流放大作用，需要一定的外部条件，即保证发射结加正向偏置电压，集电结加反向偏置电压。

3. 晶体管的特性曲线

按图 5-6 所示做晶体管特性测量，得到晶体管输入特性曲线如图 5-7 所示，晶体管输出特性曲线如图 5-8 所示。

1）输入特性曲线

输入特性曲线是指晶体管的集电极、发射极间电压 U_{CE} 一定时，基极电流 i_B 与基极、发射极间电压 U_{BE} 间的关系曲线。

输入特性曲线的形状与二极管的正向特性曲线类似，也存在死区电压。硅管的死区电压约为 0.5V，锗管死区电压约为 0.2V。晶体管正常导通后，硅管的 U_{BE} 约为 0.7V，锗管 U_{BE} 约为 0.3V。

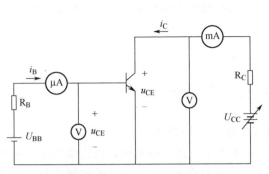 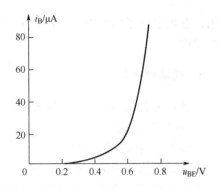

图 5-6 晶体管特性测量的测试电路　　　　　图 5-7 晶体管输入特性曲线

2）输出特性曲线

输出特性曲线是指晶体管的基极电流 I_B 一定时，集电极电流 i_C 与集电极、发射极间电压 U_{CE} 间的关系曲线，如图 5-8 所示。

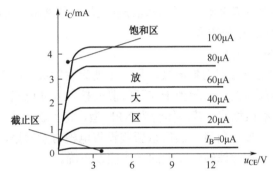

图 5-8 晶体管输出曲线

（1）放大区。放大区是指曲线近似平行于横轴的平坦区域，如图 5-8 所示。在此区域，晶体管工作于放大状态，体现了恒流特性；i_B 增加时 i_C 成比例地增加，体现了 i_B 变化控制 i_C 变化的电流放大作用。

使晶体管工作在放大区的条件是：发射结正偏，集电结反偏。此时，发射结压降硅管为 0.6～0.7V，锗管 0.2～0.3V，对于 NPN 型晶体管，$V_C > V_B > V_E$。

（2）饱和区。饱和区是指图 5-8 的左边 $i_B > 0$，$U_{CE} \leq 0.3V$ 的区域。在此区域，i_C 不受 i_B 控制，失去放大作用。饱和时晶体管集电极 C 和发射极 E 之间的压降称为饱和压降 U_{CES}，硅管的 U_{CES} 一般是 0.3～0.4V。

使晶体管工作在饱和状态时的条件是：发射结正偏，集电结也正偏。此时，对于 NPN 型晶体管，集电极 C 与发射极 E 之间如同一个开关处于闭合状态，相当于短路。

（3）截止区。截止区是指图 5-8 中 $i_B = 0$ 曲线以下的区域。在此区域，晶体管工作于截止状态。此时，晶体管没有放大作用。

使晶体管工作在截止区的条件是：发射结反偏，集电结反偏。对于 NPN 型晶体管，$V_C > V_E > V_B$，集电极 C 与发射极 E 之间如同一个开关处于断开状态，相当于开路。

一般情况下，在模拟电子电路中，晶体管主要工作在放大状态，以利用 i_B 对 i_C 的控制作用；在数字电子电路中，晶体管主要工作在饱和与截止两种状态，这时的晶体管相当于一个受控的开关。

4. 晶体管检测

选择万用表欧姆挡（通常选择 $R\times100$ 或 $R\times1k$ 挡）测量。

1）基极的判别

晶体管的内部有两个 PN 结，可利用 PN 结的单向导电性来进行判别。

先假设晶体管的某个管脚为基极，并将红表笔接在假定的基极，再将黑表笔分别接触其余的两个管脚，若两次测得的电阻值都很大（或者都很小），为几千欧到十几千欧（或为几百欧到几千欧），再将红、黑表笔互换，重复刚才的步骤，表针偏转情况与刚才相反，测得的两个值都很大（或很小），则可以判定假设的基极是正确的。若两次测得的电阻值一大一小，则可以肯定假设是错误的，这时必须重新假设基极，再重新测试。

2）管型的判别

当基极确定后，将黑表笔接基极，红表笔分别接触其他两极，若测得的电阻值都很小，则晶体管为 NPN 型，反之为 PNP 型。

3）集电极和发射极的判别

将剩余的两个管脚之一假定为集电极，另一个就为发射极。用手捏住基极和假设集电极（注意不要将两支管脚短路），相当于在两管脚间接入人体电阻（作为偏置电阻），两表笔分别与集电极、发射极相连。若晶体管为 NPN 型，将黑表笔接在假设的集电极，红表笔接触发射极，观察指针偏转角度；然后重新假设集电极与发射极，重新进行测量；比较两次指针偏转角的大小，指针偏转角度大的一次假设正确。

4）好坏的判别

测 NPN 三极管：将万用表欧姆挡置"$R\times100$"或"$R\times1k$"处，把黑表笔接在基极上，将红表笔先后接在其余两个极上，如果两次测得的电阻值都较小，再将红表笔接在基极上，将黑表笔先后接在其余两个极上，如果两次测得的电阻值都很大，则说明三极管是好的，反之是坏的。

测 PNP 三极管：将万用表欧姆挡置"$R\times100$"或"$R\times1k$"处，把红表笔接在基极上，将黑表笔先后接在其余两个极上，如果两次测得的电阻值都较小，再将黑表笔接在基极上，将红表笔先后接在其余两个极上，如果两次测得的电阻值都很大，则说明三极管是好的，反之是坏的。

（二）基本放大电路

晶体管可以通过控制基极电流来控制集电极的电流，从而达到电流放大的目的，放大电路就是利用晶体管的这种特性。放大电路的功能是将微弱的电信号（电流、电压）进行放大得到所需要的信号。放大电路必须有直流电源才能工作。放大电路的输出功率是从直流电源转化而来的，所以放大电路实质上是一种能量转换器。

1．基本放大电路的组成

用三极管组成放大电路的基本原则：

（1）三极管应工作在放大状态。给三极管提供工作电压，发射结正向偏置，集电结反向偏置。

（2）信号电路应畅通。输入信号能从放大电路的输入端加到三极管的输入端上，放大后能顺利地从输出端输出。

（3）放大电路工作点电压稳定，失真（输入端波形与输出端波形不一致的程度）不超过允许范围。

2．常见的基本放大电路

1）共发射极放大电路

图 5-9 所示是共发射极基本放大电路，图 5-10 所示是分压式偏置共发射极放大电路。共发射极放大电路具有放大电流和电压的作用，输入电阻大小居中，输出电阻较大，频带较窄，适用于做一般放大电路使用。

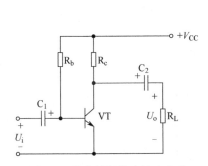
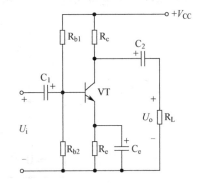

图 5-9　共发射极基本放大电路　　　　图 5-10　分压式偏置共发射极放大电路

共发射极基本放大电路的三极管 VT 是一个 NPN 型硅管，是电路的放大元件；电阻 R_b、R_c 都是对电源分压，给三极管 VT 提供合适的基极和集电极电压、电流；C_1 是输入端耦合电容、C_2 是输出端耦合电容，隔直通交；R_L 是负载电阻。$+V_{CC}$ 是放大电路进行功率放大的能量源泉。

放大电路静态工作点 Q 的估算主要是指计算基极直流电流 I_B、集电极直流电流 I_c、集电极与发射极间的直流电压 U_{CE}。计算公式如下：

$$U_{CE}=V_{CC}-I_c \cdot R_c$$
$$I_B=V_{CC}-U_{BE}/R_b$$
$$I_c=\beta \cdot I_B$$

同理，分析分压式偏置共发射极放大电路，发现比共射极基本放大电路多了 R_{b2}、Re、Ce 三个元件，主要是减少由于环境等因素影响所产生的失真。

2）共集电极放大电路

基本共集电极放大电路如图 5-11 所示。由于被放大后的信号从发射极输出，所以该电路也叫射极输出器。

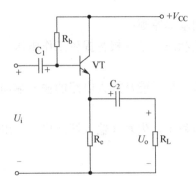

图 5-11　基本共集电极放大电路

共集电极放大电路只有电流放大作用，输入电阻高，输出电阻低，具有电压跟随的特点，常做多级放大电路的输入级和输出级。

3）共基极放大电路

基本共基极放大电路如图 5-12 所示。

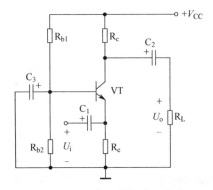

图 5-12　基本共基极放大电路

共基极放大电路只有电压放大作用，输入电阻小，输出电阻和电压放大倍数与共射电路相当，高频特性好，适用于宽频带放大电路。

（三）多级放大器

单级放大电路对信号的放大是有限的，当需要较大的信号电压时，必须将多个单级放大电路连接起来进行多级放大，才能得到足够的电压放大倍数。如果负载必须有足够的功率来驱动，那么在多级放大电路的末级还要接功率放大电路。

多级放大电路是由单极放大电路连接起来的，每级放大电路之间的连接方式叫耦合。常见的耦合方式有阻容耦合、变压器耦合、直接耦合、光电耦合，如图 5-13 所示。

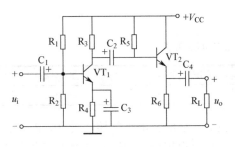

(a) 阻容耦合

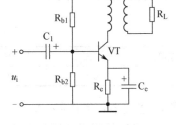

(b) 变压器耦合

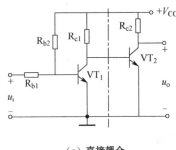

(c) 直接耦合

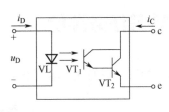

(d) 光电耦合

图 5-13　常见的耦合方式

多级放大电路的电压放大倍数为各级电压放大倍数的乘积。即

$$A_u = A_{u1} \times A_{u2} \times A_{u3} \times \cdots \times A_{un}$$

而总的通频带比任何一级放大电路的通频带都窄。

四、任务实施

步骤 1：清点元器件，把万用表选择在电阻挡（$R \times 100$ 档或 $R \times 1k$ 挡），根据晶体管检测方法检测三极管，并填写在表 5-4 中。

表 5-4　三极管检测任务表

测试项目	在三极管外形图标出各管脚名称	管型	质量好坏
VT	9013 e b c	NPN	好

步骤 2：根据电路图正确选择元件并安装。注意安全用电。

步骤 3：电压检测。把万用表选择在直流电压挡，对安装好的电路通电进行三极管各脚直流电压检测。由于三极管各脚静态电压满足 $V_C > V_B > V_E$，且 $V_{BE} = 0.7V$，所以该管处于放大状态。填表如表 5-5 所示。

表 5-5 电压检测任务表

测试项目	V_b	V_e	V_c	工作状态
VT	0.7V	0V	14.3V	放大状态

步骤 4：各元器件的作用。VT 是晶体三极管，是放大电路的核心元件，R_b 是三极管基极偏置电阻，给基极提供合适的基极电压，R_c 是集电极偏置电阻，给集电极提供合适的集电极电压电流，C_1 输入端耦合电容，具有通交阻直的作用，C_2 是输出端耦合电容，具有通交阻直的作用。

五、学习任务评价

将本次学习任务的评价填写在表 5-6 中。

表 5-6 学习任务评价表

姓名：_____ 班级：_____ 实训日期：_____

任务名称							
评价项目	内 容	评价标准		配分	自评	组评	师评
应知	1. 识别和检测晶体管，认识基本放大电路和多级放大器	（1）掌握 20 分； （2）熟悉 12 分； （3）了解 8 分； （4）不知道 0 分		20			
应会	2. 工作态度	（1）态度好、认真者 5 分； （2）较好 3 分； （3）差 1 分		5			
	3. 元件清点、三极管检测，电路安装	（1）三极管检测正确； （2）安装正确		20			
	4. 电压法测量、基本放大电路认识	（1）电压测量数值、数据分析判断正确； （2）基本放大电路各元件作用回答正确		50			
	5. 安全文明操作	遵守安全操作规程，有良好的职业道德与团队精神		5			
	6. 核定时间	每超过 5 分钟扣 5 分					
得分				100			
	总分＝自评×20%＋小组评×30%＋教师评×50%						
自我小结							

任务二 识别功放集成电路

一、任务描述

在倒车报警器电路中有一名称为 LM386N 的功放集成电路，实物外形如图 5-14 所示。试述该集成电路管脚排列情况和各管脚功能。

图 5-14 功放集成电路实物外形

二、任务分析

随着微电子计算的发展，集成电路的应用日益广泛。要完成本任务，必须学习集成电路的基本概念及其引脚顺序识别，掌握集成功率放大器、集成运放的电路内部结构及其应用。

三、知识储备

集成电路是一种采用特殊工艺，将晶体管、电阻、电容等元件集成在硅基片上而形成的具有一定功能的器件，英文缩写为 IC，也称芯片。

（一）集成电路分类、外形及引脚

1. 集成电路分类

（1）集成电路按其功能、结构的不同，可以分为模拟集成电路和数字集成电路两大类。

（2）按制作工艺可分为半导体集成电路和膜集成电路，其中，膜集成电路又分为厚膜集成电路和薄膜集成电路。

（3）按集成度高低的不同可分为小规模集成电路、中规模集成电路、大规模集成电路和超大规模集成电路。

（4）按导电类型可分为双极型集成电路和单极型集成电路。

（5）按用途可分为电视机用集成电路、音响用集成电路、影碟机用集成电路、录像机用集成电路、电脑（微机）用集成电路、电子琴用集成电路、通信用集成电路、照相机用集成电路、遥控集成电路、语言集成电路、报警器用集成电路及各种专用集成电路。

2. 集成电路标识

集成电路有各种型号，其命名也有一定规律。一般是由前缀、数字编号、后缀组成。前缀表示集成电路的生产厂家及类别，后缀一般用来表示集成电路的封装形式、版本代号等。

根据我国标准 GB 3430-89 的规定，集成电路的型号由五部分组成，各部分表示方法规定如图 5-15 所示。如通用型集成运算放大器 CF741CT（中国国标产品，线性放大器，器件代号 741，工作温度范围为 0℃～70℃，金属圆形封装）。

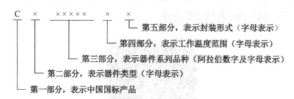

图 5-15　集成电路型号命名

国外公司及产品代号与国内不一样。常用的集成电路如小功率音频放大器 LM386N 表示是美国国家半导体公司的产品，LM 代表线性电路，N 代表塑料双列直插。

3. 集成电路引脚识别方法

集成电路通常有扁平、双列直插、单列直插等几种封装形式。不论是哪种集成电路的外壳上都有供识别管脚排序定位（或称第一脚）的标记。对于扁平封装者，一般在器件正面的一端标上小圆点（或小圆圈、色点）作标记。塑封双列直插式集成电路的定位标记通常是弧形凹口、圆形凹坑或小圆圈。进口 IC 的标记花样更多，有色线、黑点、方形色环、双色环，等等。

识别数字 IC 管脚的方法是：根据标记、倒角、凹坑、凹口等，再按逆时针方向依次数管脚，便是第 2 脚、第 3 脚等。常见集成电路引脚识别方法如图 5-16 所示。

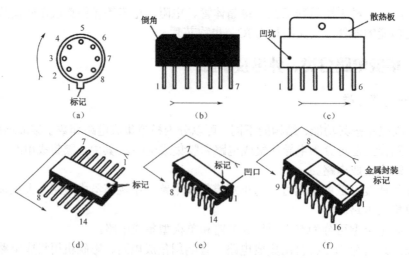

图 5-16　常见集成电路引脚识别方法

（二）集成功放电路

　　功率放大电路简称功放，一般是放大电路的最末一级，直接驱动负载，因此要求它带负载能力要强。集成功率放大电路，简称集成功放。现介绍广泛应用于车载录音机和收音机中的集成功放 LM386 和 LA4100。

1. 功率放大电路

　　功率放大电路的工作状态可分甲类、乙类、甲乙类三种类型。甲类放大电路的特点：在输入信号的一个周期内，晶体管都导通，波形失真小，但管耗大，效率低。乙类和甲乙类放大电路的特点：在输入信号的一个周期内，两个晶体管轮流导通，减少了静态功耗，提高了效率，乙类和甲乙类放大电路图如 5-17、图 5-18 所示，但出现严重的波形失真，所以需要进行电路结构的改进。

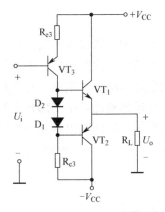
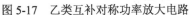
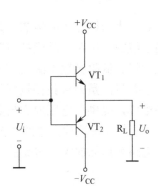

图 5-17　乙类互补对称功率放大电路　　　　图 5-18　甲乙类双电源互补对称功率放大电路

　　目前较广泛应用的是 OTL 和 OCL 互补对称功放电路。它们都是由两只配对管组成的两个射极输出器互补组合而成。两关交替工作，轮流导通，负载上就得到放大后的整个周期信号。单电源互补对称 OTL 电路中点电位为电源电压的一半，而双电源互补对称 OCL 电路的中点电位为 0V，这是检修此类功率放大电路的要点。

2. 集成功率放大器 LM386

　　LM386 是一种音频集成功放，具有自身功耗低、更新内链增益可调整、电源电压范围大、外接元件少和总谐波失真小等优点。芯片内部包括三级放大电路，即输入级、中间级和输出级。输入级采用差分放大电路，降低输入损耗；中间级采用共射放大电路，增大放大倍数；输出级采用 OTL 电路，消除交越失真，提高带负载能力。LM386 外形及引脚功能如图 5-19 所示。

3. 集成功率放大器 LA4100

　　集成功率放大器 LA4100 是带散热片的 14 脚双列直插式塑料封装。内部电路包括输入级、激励级和互补对称 OTL 输出级，其外形及引脚排列如图 5-20 所示。

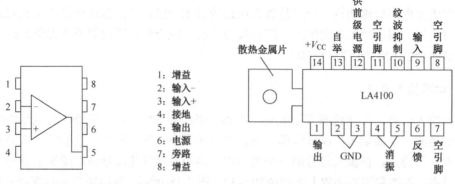

1：增益
2：输入−
3：输入+
4：接地
5：输出
6：电源
7：旁路
8：增益

5-19　LM386 的外形及引脚功能　　　　图 5-20　LA4100 外形及引脚排列

（三）集成运算放大器

集成运算放大器简称集成运放，是一种高电压放大倍数、高输入电阻、低输出电阻、直接耦合的多级放大电路，是模拟电阻技术领域的核心部件。内部电路主要由高阻抗输入级、中间放大级、低阻抗输出级三部分组成。输入部分是差动放大电路，有同相和反相两个输入端，主要目的是力求获得较低的零漂和较高的共模抑制比。中间部分由高增益的电压放大电路组成，提供高电压放大倍数。输出部分由晶体管射极输出器互补电路组成，提高带负载能力。集成运算放大电路的图形符号如图 5-21、5-22 所示。反相比例、同相比例、求和、求差电路是运算放大器常见的实际应用。

图 5-21　新符号　　　　　　　　　　图 5-22　旧符号

一般集成运放有以下引脚：同相输入端、反相输入端、输出端、正负电源端，有的还有外接调零端及相位补偿端等。实际使用时先要查阅手册，根据引脚功能进行接线。集成运放 μA741（国产型号 CF741）的引脚排列、功能及应用时的基本外围元件连接方式如图 5-23 所示。

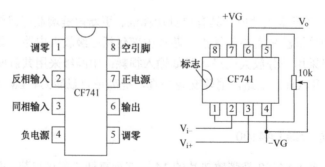

图 5-23　CF741 引脚排列、功能及应用时的基本外围元件连接方式

四、任务实施

步骤 1： 集成块管脚排列情况。观察图 5-14，可知该集成电路的封装是双列直插式，上面有半圆形凹口和凹坑标记。一般来说，半圆形凹口标识表示该集成块安装的方向，凹坑标记表示该集成块的第 1 脚。所以该集成电路管脚排列情况如图 5-24 所示。

步骤 2： 集成块各管脚功能。观察图 5-14，可知该集成块的名称是 LM386N-1，查找集成块手册或网上搜索资料，得到该集成块各管脚功能：脚 2 为反相输入端，脚 3 为同相输入端；脚 5 为输出端；脚 6 和脚 4 分别为电源和地；脚 1 和脚 8 为电压增益设定端；使用时在脚 7 和地之间接旁路电容，通常取 10μF。

图 5-24　LM386N-1 集成电路管脚排列情况

五、学习任务评价

将本次学习任务的评价填写在表 5-7 中。

表 5-7　学习任务评价表

姓名：_____　班级：_____　实训日期：_____

任务名称							
评价项目	内容	评价标准	配分	自评	组评	师评
应知	1．了解集成电路概念、管脚排列情况、基本功率放大电路、典型集成功率放大原电路的应用	（1）掌握 20 分； （2）熟悉 12 分； （3）了解 8 分； （4）不知道 0 分	20			
应会	2．工作态度	（1）态度好、认真者 5 分； （2）较好 3 分； （3）差 1 分	5			
	3．资料收集	（1）会收集相关资料； （2）分析和理解资料	20			
	4．能识别管脚排列情况、各管脚作用	（1）识别管脚排列情况正确； （2）各管脚功能回答正确	50			
	5．安全文明操作	遵守安全操作规程，有良好的职业道德与团队精神	5			
	6．核定时间	每超过 5 分钟扣 5 分				
得分			100			
	总分＝自评×20%＋小组评×30%＋教师评×50%					
自我小结						

项目操作指南

步骤 1：识读倒车报警电路原理图。查找和收集资料，运用所学知识分析倒车报警电路工作过程。该电路工作过程：接通电源则语音集成电路 HFC5209 的 2 脚（触发端），与 5 脚接一起处于常触发状态而工作，4 脚为语音信号输出端，其输出的语音信号经 C_3 送至音频功放电路 LM386N 的同相输入端 3 脚，经内部电路放大后，由其 5 脚输出经耦合电容后送扬声器，从而使其发出 "请注意，倒车" 和 "滴嘟，倒车" 两种语音。

步骤 2：清点和检测元器件。根据倒车报警电路原理图，清点元器件，使用万用表检测元器件的好坏。

步骤 3：焊接和组装。根据倒车报警电路原理图，选择元器件和功能部件，准确地焊接或装配在印刷电路板上，焊点、装配满足工艺要求。注意元器件安装位置要正确、焊接时间不要过长、防止电烙铁漏电等。

步骤 4：调试并实现功能。检查焊接和元件安装都没有问题后，给电路板加合适电压，实现扬声器发出"请注意，倒车"和"滴嘟，倒车"两种语音。

课后拓展

一、填空题

1. 当 NPN 半导体三极管的_____正向偏置，_____反向偏置时，三极管具有放大作用，即_____极电流能控制_____极电流。

2. 根据三极管的放大电路的输入回路与输出回路公共端的不同，可将三极管放大电路分为_____、_____、_____三种。

3. 三极管的特性曲线主要有_____曲线和_____曲线两种。

4. 已知一放大电路中某个三极管的三个管脚电位分别为①3.5V，②2.8V，③5V，试判断：（1）①脚是_____，②脚是_____，③脚是_____（e，b，c）；（2）管型是_____（NPN，PNP）；（3）材料是_____（硅，锗）。

5. 放大电路的静态工作点通常是指_____、_____和_____三个直流量。

6. 晶体管组成的三种基本放大电路是_____、_____和_____。

7. 射极输出器的特点是_____。

8. 多级放大器的耦合方式有_____、_____、_____和_____。

9. 功率放大电路的工作状态可分_____、_____和_____三种类型。

10. 集成运算放大器是一个_____放大器，其内部电路由三部分组成，分别是_____、_____、_____。

二、选择题

1. 在固定偏置电路中，测晶体管 C 极电位 $V_C=V_{CC}$，则放大器处于（　　）状态。
   A. 放大　　　　　B. 截止　　　　　C. 饱和　　　　　D. 不定
2. 晶体管的发射结、集电结均正偏，则晶体管所处状态是（　　）。
   A. 放大　　　　　B. 截止　　　　　C. 饱和　　　　　D. 不定
3. 放大电路在未输入交流信号时，电路所处工作状态是（　　）。
   A. 放大状态　　　B. 截止状态　　　C. 动态　　　　　D. 静态
4. 单电源互补对称 OTL 电路的中点电压是（　　）。
   A. 电源电压　　　B. 电源电压一半　　C. 0V　　　　　D. 不定
5. 集成电路的引脚功能必须（　　）。
   A. 通过查阅手册或资料获得　　　　　B. 凭主观想象

三、分析题

用万用表测得放大电路中某个三极管两个电极的电流值，如图 5-25 所示。
1. 判断是 PNP 管还是 NPN 管？
2. 求另一个电极的电流大小，在图上标出实际方向。
3. 图上标出管子的 E、B、C 极。
4. 估算管子的 β 值。

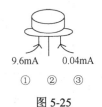

9.6mA　　0.04mA
①　　②　　③

图 5-25

四、计算题

估算图 5-2 所示的放大电路的静态工作点。其中 $R_b=120\text{k}\Omega$，$R_c=1\text{k}\Omega$，$U_{CC}=24\text{V}$，$\beta=50$，晶体管为硅管。

项目六

组装熄火报警器

项目描述

随着汽车电子技术的不断发展，汽车传感器在汽车发动机、底盘和车身的各个系统中担负着信息的采集和传输的功能，汽车各个系统的控制过程正是依靠传感器及时识别外界变化和系统本身的变化，再根据变化的信息去控制系统本身的工作的。因此汽车传感器在汽车电子控制中有着非常重要的作用。

熄火报警器可应用于对光照有、无的检测，并在无光照射时实现自动报警，所以又称为无光报警电路。本项目是通过组装如图 6-1 所示的熄火报警器电路，学习传感器、反馈、振荡电路等的相关知识及应用。

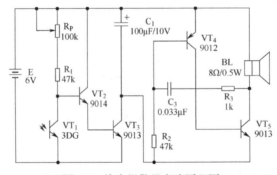

图 6-1　熄火报警器电路原理图

具体内容

1. 根据给出的熄火报警器电路原理图，正确无误地从提供的元、器件中选取所需的元、器件及功能部件。

2. 根据给出的熄火报警器电路原理图，将选择的元器件准确地焊接在提供的印制电路板上。焊点大小适中、光滑、圆润、干净，无毛刺；无漏、假、虚、连焊，引脚加工尺寸及成形符合工艺要求；导线长度、剥线头长度符合工艺要求，芯线完好，捻线头镀锡。

3. 根据给出的熄火报警器电路原理图，把选取的电子元器件及功能部件正确地装配在提供的印制电路板上。

4. 给已经焊接好的熄火报警器电路板通电并调试，实现当光敏器件受到强烈的光照时，扬声器不发出报警声，当光照基本消失时，扬声器发出报警声功能。

5. 安全文明操作。

项目学习目标

1. 知识目标：了解传感器的基本概念、组成及分类；掌握光敏器件的图形符号、功能及工作原理；了解反馈的基本概念、极性的判别；掌握振荡电路的电路组成、工作原理及应用。

2. 能力目标：能运用所学的知识，组装一个熄火报警器；会正确选择元件，焊接牢固、美观；会说出各元器件的作用和工作原理。

3. 情感目标：通过学习理论知识并组装焊接电路，使学生养成良好的操作习惯并进一步培养学生的专业素养。

任务一　认识传感器

一、任务描述

随着现代汽车技术的发展，越来越多的部件开始采用电子智能控制，而所有这些电子智能控制都需要依赖传感器的信息反馈。据统计，目前一般轿车上大约有几十只传感器，而高档轿车有上百个传感器。

图 6-2 所示是一个汽车胎压报警器实物。请收集汽车胎压报警器资料，叙述汽车胎压报警器的工作原理及汽车胎压报警器中传感器的类型，以及光敏电阻传感器的检测方法。

图 6-2　汽车胎压报警器实物图

二、任务分析

传感器技术目前应用范围十分广泛，早已渗透到诸如工业生产、宇宙开发、海洋探测、环境保护、资源调查、医学诊断、生物工程，甚至文物保护等极其广泛的领域。可以毫不夸张地说，从茫茫的太空到浩瀚的海洋，以至各种复杂的工程系统，几乎每一个现代化项目都离不开各种各样的传感器。下面我们就来认识一下什么是传感器，以及传感器在汽车当中的运用，并学习怎样检测常见的光敏器件。

三、知识储备

（一）传感器

1. 传感器的定义

传感器，顾名思义就是传递感觉的器件，是与人的感觉器官相对应的元件。例如，人们常将传感器的功能与人类五大感觉器官相比拟：

光敏传感器——视觉　　　　声敏传感器——听觉

气敏传感器——嗅觉　　　　化学传感器——味觉

压敏、温敏、流体传感器——触觉

与传感器相比，人类的感觉能力好得多，但也有很多传感器比人的感觉功能优越，例如，人类无法感知紫外线或红外线辐射，感觉不到电磁场、无色无味的气体等。

传感器的定义：能够感受规定的被测量并按照一定的规律转换成可用输出信号的器件或装置。通常由敏感元件、转换元件、测量电路和辅助电源四部分组成，如图 6-3 所示。其中敏感元件和转换元件可能合二为一，而有的传感器则不需要辅助电源。

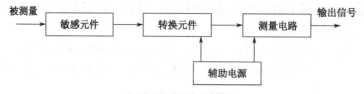

图 6-3　传感器的组成

2. 传感器的分类

传感器按照不同的分类方法，可以分成很多种形式。

按照被测物理量分，常见的有：温度、湿度、压力、位移、流量、液位、力、加速度、转矩等传感器。

按照传感器的工作原理，可分为：电阻、电容、电感、电压、光电、光栅、热电偶、霍尔效应等传感器。

按照传感器的输出信号，可分为：模拟传感器——将被测量转换成模拟信号输出；数字传感器——将被测量转换成数字信号输出。

此外，传感器还可以按照制造材料、工艺、能量来源等进行分类。目前各种各样的传感器日益增多，成了人类五官的延伸，并且在很多方面已经逐步超越人类。

3. 汽车传感器

汽车传感器作为汽车电子控制系统的信息源，是汽车电子控制系统的关键部件，也是汽车电子技术领域研究的核心内容之一，汽车传感器的使用数量和技术水平决定了汽车控制系统的性能。一般一辆普通家用轿车上大约安装有几十到近百只传感器，而豪华轿车的传感器数量可达二百余只，主要分布于发动机控制系统、底盘控制系统、车身控制系统和导航系统中。

1）发动机控制系统传感器

发动机控制系统传感器给发动机的电子控制单元提供各种信息，电子控制单元处理这些信息并向发动机发出精确的控制指令，对发动机进行控制，使发动机能在各种工况下正常地工作。利用这类传感器可提高汽车的动力性能和舒适性、降低油耗、减少废气排放，正确反映行驶故障。发动机控制系统传感器主要有：温度传感器，压力传感器，转速、角度和车速传感器，气体浓度传感器，爆震传感器，流量传感器等。

2）底盘控制系统传感器

底盘控制系统传感器是指分布在变速器控制系统、悬架控制系统、动力转向系统、制动系统中的传感器。底盘控制系统传感器不仅要能提供精确的信号，同时还能要适应恶劣的环境，这样才能保障司机安全舒适地驾驶汽车。底盘控制系统传感器主要有：线性加速度惯性传感器、角速率传感器、变速器控制传感器、悬架系统控制传感器、动力转向系统传感器、防抱死制动系统（ABS）传感器等。

3）车身控制系统传感器

车身控制系统传感器主要用于提高汽车的安全性、可靠性和舒适性。比如用于自动空调系统的温度传感器、湿度传感器、日照传感器等；用于雨滴检测的雨量传感器；用于安全气囊系统中的加速度传感器；用于门锁控制的车速传感器；用于亮度自动控制的日照传感器；用于倒车用的超声波传感器和激光传感器；用于保持车距的微波传感器、红外传感器；用于消除驾驶员盲区的图像传感器等。

4）导航控制传感器

导航控制传感器主要有车速传感器、陀螺传感器，与全球定位系统 GPS 相结合，给汽车提供全面、及时的交通信息，使汽车能敏锐地感知自身和其他车辆的位置，同时还可以感知驾驶者的盲点。

（二）认识光敏器件

光敏传感器是最常见的传感器之一，光敏器件是光敏传感器的核心部件，下面就让我们来认识一下光敏器件。

1. 光敏电阻

光敏电阻是最简单的光敏器件，是利用半导体的光电导效应制成的一种阻值随着光照的强弱而改变的电阻器。光敏电阻的实物外形如图 6-4 所示，其结构及电路符号如图 6-5 所示。它的工作原理是：无光照时的暗电阻较大；有光照时的亮电阻则大幅下降。

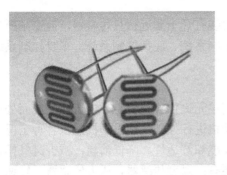

图 6-4　光敏电阻的实物外形

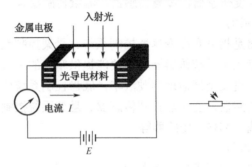

图 6-5　光敏电阻的结构及电路符号

2．光敏二极管

　　光敏二极管也叫光电二极管。光敏二极管与半导体二极管在结构上是类似的，其管芯是一个具有光敏特征的 PN 结，具有单向导电性，因此工作时需加上反向电压。光敏二极管的结构及电路符号如图 6-6 所示。它的工作原理是：当无光照时，有很小的饱和反向漏电流，即暗电流，此时光敏二极管导电截止；当受到光照时，饱和反向漏电流大大增加，形成光电流，电流的大小随入射光强度的变化而变化。

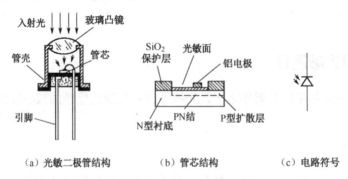

（a）光敏二极管结构　　　　（b）管芯结构　　　　（c）电路符号

图 6-6　光敏二极管的结构及电路符号

3．光敏三极管

　　光敏三极管和普通三极管相似，也有电流放大作用，只是它的集电极电流不只是受基极电路和电流控制，同时也受光辐射的控制。通常，光敏三极管的基极不引出引线，但有一些光敏三极管的基极有引线引出，主要是用于温度补偿和附加控制等作用。光敏三极管的结构及电路符号如图 6-7 所示。它的工作原理是：当具有光敏特性的 PN 结受到光辐射时，形成光电流，由此产生的光生电流由基极进入发射极，从而在集电极回路中得到一个放大了相当于 β 倍的信号电流。与光敏二极管相比，光敏三极管具有很大的光电流放大作用，即很高的灵敏度。

练一练　大家找一下图 6-8 所示电路中的光敏器件是哪个？它是怎样实现自动控制功能的？

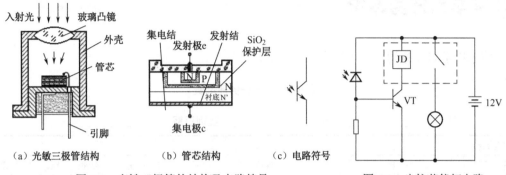

（a）光敏三极管结构　　　（b）管芯结构　　　（c）电路符号

图 6-7　光敏三极管的结构及电路符号　　　图 6-8　光控节能灯电路

解：该电路的光敏器件是光敏二极管。它工作在反向电压下，是一种光电转换器件。光照时供给三极管的基极电流较大，三极管 VT 饱和，继电器 JD 线圈得电产生磁力，继电器 JD 中的开关吸合，灯泡亮。反之，无光照时 VT 基极电压、电流小，VT 截止，继电器 JD 中的线圈不得电，不产生磁力，继电器 JD 中的开关断开，灯泡灭。

四、任务实施

步骤 1：汽车胎压传感器的工作原理。查阅文献或网上搜集汽车胎压传感器相关资料，运用学过的知识分析汽车胎压传感器工作原理。

汽车胎压传感器工作原理：汽车胎压报警器中的传感器直接安装在轮胎上，实时监测轮胎的压力和温度，并将数据信号无线传送到车内的终端接收系统，最终驾驶员通过仪表盘显示屏获得每一个轮胎的压力值、温度值。当轮胎的压力值或温度值变化超过了报警值，仪表盘能够准确显示报警轮胎的位置，并发出图形、声音、文字报警。

步骤 2：汽车胎压报警器中传感器的类型。根据其工作原理可知，它的主要作用是检测轮胎的压力和温度。所以汽车胎压报警器中的传感器主要是压敏传感器和温度传感器。

步骤 3：光敏电阻检测方法。根据光敏电阻无光照时的暗电阻较大，有光照时的亮电阻则大幅下降的工作原理，得出光敏电阻检测方法：

（1）用一黑纸片将光敏电阻的透光窗口遮住，此时万用表的指针基本保持不动，阻值接近无穷大。此阻值越大说明光敏电阻性能越好。若此阻值很小或接近为零，说明光敏电阻已被烧穿损坏，不能再继续使用。

（2）将一光源对准光敏电阻的透光窗口，此时万用表的指针应有较大幅度的摆动，所测阻值明显减少。此阻值越小说明光敏电阻性能越好；若此阻值很大甚至无穷大，表明光敏电阻内部开路损坏，不能再继续使用。

（3）将光敏电阻透光窗口对准入射光线，用小黑纸片在光敏电阻的遮光窗上部晃动，使其间断受光，此时万用表指针应随黑纸片的晃动而左右摆动。如果万用表指针始终停在某一位置不随纸片晃动而摆动，说明光敏电阻的光敏材料已经被损坏。

五、学习任务评价

将本次学习任务的评价填写在表 6-1 中。

表 6-1　学习任务评价表

姓名：_____　　班级：_____　　实训日期：_____

任务名称						
评价项目	内　容	评价标准	配分	自评	组评	师评
应知	1. 传感器的知识；传感器在汽车中的应用；光敏器件的结构、符号、工作原理	（1）掌握 20 分； （2）熟悉 12 分； （3）了解 8 分； （4）不知道 0 分	20			
应会	2. 工作态度	（1）态度好、认真者 5 分； （2）较好 3 分； （3）差 1 分	5			
	3. 资料收集	（1）会收集相关资料； （2）分析和理解资料	20			
	4. 汽车胎压报警器工作原理及其传感器类型、常见光敏器件的检测方法	（1）能正确运用学过的知识； （2）回答正确	50			
	5. 安全文明操作		5			
	6. 核定时间	每超过 5 分钟扣 5 分				
得分			100			
	总分＝自评×20%＋小组评×30%＋教师评×50%					
自我小结						

任务二　分析反馈和振荡电路

一、任务描述

振荡的产生，实际上就是一种将直流电能转换为一定振幅和频率的交变电能的过程，利用振荡电路的特性，可以设计很多不同用途的实用电路。

图 6-9 是一个简易报警器的电路原理图。请叙述该电路工作过程及各元件作用，运用瞬时极性法判断它的反馈极性。

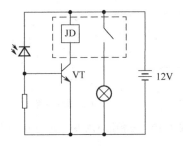

图 6-9　简易报警器电路原理图

二、任务分析

我们前面所学的放大电路的作用是放大信号，但是放大电路必须要有输入信号，没有输入信号的情况下就没有输出信号。而振荡电路则不同，振荡电路在没有输入信号的情况下，仍有一定频率和幅值的输出信号，这种现象称为放大电路的自激振荡。自激振荡在放大电路中是要极力避免的，但是在振荡电路中恰恰相反，振荡电路就是利用自激振荡来进行工作的。下面我们就一起来学习一下什么是反馈和振荡电路。

三、知识储备

（一）振荡电路

振荡电流是一种频率很高的交变电流，它无法用线圈在磁场中转动产生，只能由振荡电路产生。能够产生振荡电流的电路叫作振荡电路，振荡电路一般由电阻、电感、电容等元件和电子器件组成。

1. 振荡电路的种类

振荡器的种类很多，按信号的波形来分，可分为正弦波振荡器和非正弦波振荡器。正弦波振荡器产生的波形非常接近于正弦波或余弦波，且振荡频率比较稳定；非正弦波振荡器产生的波形是非正弦的脉冲波形，如方波、矩形波、锯齿波等。非正弦振荡器的频率稳定度不高。

在正弦波振荡器中，主要有 LC 振荡电路、石英晶体振荡电路和 RC 振荡电路三种，如图 6-10 所示。这三种电路，以石英晶体振荡器的频率最为稳定，LC 振荡电路次之，RC 振荡电路最差。

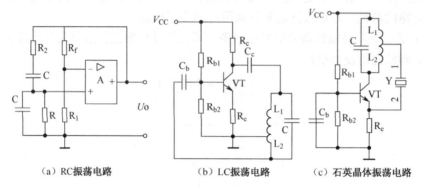

（a）RC振荡电路　　　　　　（b）LC振荡电路　　　　（c）石英晶体振荡电路

图 6-10　三种常见振荡电路的电路图

2. 振荡电路的结构

振荡电路主要包括两部分：放大电路和反馈电路，如图 6-11 所示。

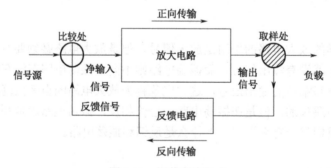

图 6-11　振荡电路组成

反馈是指将放大电路的输出信号的一部分或全部返回到输入端，并与输入信号叠加的过程，这样的电路就称为反馈电路。

放大倍数：$A = \dfrac{U_o}{U_i'}$　反馈系数：$F = \dfrac{U_f}{U_o}$

反馈系数反映了反馈信号所占输出信号的比例关系，其数值在 0～1 之间。当 $F=1$ 时，输出信号全部反馈到输入端。

（二）反馈极性的判别

1. 反馈的极性

我们把输出信号反馈到放大电路输入端后，对放大电路的净输入信号有增强作用的反馈称为正反馈；反之，有削弱作用的反馈称为负反馈，如图 6-12 所示。

正反馈：反馈信号使净输入信号得到增强，常应用于各种振荡电路。

负反馈：反馈信号使净输入信号得到削弱，主要用来改善放大电路的工作性能，如稳定放大倍数、减少非线性失真、扩展频带等。

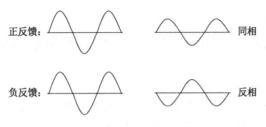

图 6-12　正反馈和负反馈

2. 瞬时极性法

正反馈和负反馈的判断方法一般用瞬时极性法来进行判断，判断过程如图 6-13 所示。

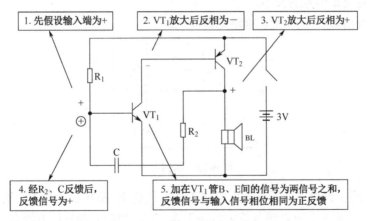

图 6-13　利用瞬时极性法判断反馈极性的过程

由图 6-13 可见，在假定输入信号为+的情况下，先由正向传输到输出回路，然后再通过反馈电路到输入回路。反馈信号可能反馈到三极管的基极或集电极；反馈回的信号也可正可负。为区分反馈信号，习惯上将反馈到输入回路的反馈信号画上圈，比如"⊕"、"⊖"。

这样反馈信号与输入信号作用的关系就有四种情况，如图 6-14 所示。其中前两种为正反馈，后两种为负反馈。

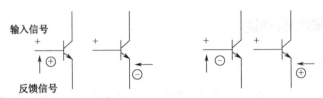

图 6-14 反馈信号与输入信号作用的关系

（三）振荡电路的起振条件

振荡电路稳定振荡必须满足两个条件：相位平衡条件和幅度平衡条件。

1. 相位平衡条件

相位平衡条件指反馈信号电压必须与输入信号电压同相位，即反馈极性必须是正反馈。

2. 幅度平衡条件

反馈信号电压的幅值必须等于原输入信号电压的幅值，即必须有足够强的反馈，满足幅值平衡条件 $AF=1$。若 $AF<1$，电路将不能振荡。

由振荡的两个条件可知，在振荡电路的实际调试中，满足了相位条件之后，电路如果不振荡，主要应检查放大电路的放大倍数和反馈信号的大小。放大电路中的三极管应工作在放大状态，反馈电路不能有开路或虚焊。如果反馈信号强度不够，可以通过改变反馈元件的参数来改变反馈信号的大小。

练一练 分析如图 6-15 所示电路是否能振荡。

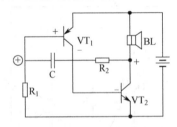

图 6-15 示例电路

解： （1）看偏置电路能否使放大电路工作。只要 R_1 参数设计合适，给三极管提供合适的工作电压，三极管就可以进入放大状态工作。（2）用瞬时极性法判断是否满足正反馈。电路中 R_2 与 C 为反馈元件。经判断满足正反馈，反馈量也可以达到要求，因此该电路可以振荡。

四、任务实施

步骤 1： 确定振荡报警器各元件作用。如图 6-13 所示，VT_1、VT_2 是放大元件；R_1 是偏置电阻，它保证两只三极管静态时工作在放大状态；R_2 与 C 的串联电路一端连着输出回路，一端连着输入回路，是反馈元件；K 是开关，控制电路电源的供给；BL 是蜂鸣器。

步骤 2： 判断反馈极性。根据瞬时极性法进行判断，该电路的反馈极性为正反馈。

步骤 3： 叙述电路工作过程。收集资料，运用学过的知识分析该电路工作过程。该电路工作过程：当开启电源瞬间，电源通过 R_1 给三极管各脚提供电压，三极管各极电压和电流将由无到有并增大。假设 VT_1 的基极电位升高，则有：

$$（VT_1）V_{b1}\uparrow \rightarrow V_{c1}\uparrow \rightarrow V_{b2}\uparrow \rightarrow I_{b2}\uparrow \rightarrow I_{c2}\uparrow \rightarrow V_{c2}$$

$$V_{b1}\uparrow \longleftarrow 通过反馈电路后 \longleftarrow$$

通过反馈，振荡幅度不断增大，最终由于三极管及电源的限制，输出限制在一定的幅度上。由于 R_2 和 C 反馈网络的选频作用，产生的振荡信号达到一定的幅度，通过蜂鸣器 BL 发出声音。

五、学习任务评价

将本次学习任务的评价填写在表 6-2 中。

表 6-2 学习任务评价表

姓名： _____ 班级： _____ 实训日期： _____

任务名称						
评价项目	内　容	评价标准	配分	自评	组评	师评
应知	1. 振荡电路的组成、反馈的基本概念、反馈极性的判别方法、振荡电路的起振条件等相关知识	（1）掌握 20 分； （2）熟悉 12 分； （3）了解 8 分； （4）不知道 0 分	20			
应会	2. 工作态度	（1）态度好、认真者 5 分； （2）较好 3 分； （3）差 1 分	5			
	3. 电路连接	（1）选择元件正确； （2）电路连接正确	20			
	4. 电路工作过程及各元件作用、瞬时极性法的运用	（1）回答合理、正确； （2）反馈极性判断准确	50			
	5. 安全文明操作		5			
	6. 核定时间	每超过 5 分钟扣 5 分				
得分			100			
	总分＝自评×20%＋小组评×30%＋教师评×50%					
自我小结						

项目操作指南

步骤 1：识读熄火报警器电路原理图。查找和收集资料，运用所学知识分析熄火报警器工作过程。该电路工作过程：VT_1、VT_2、VT_3 组成光控开关；当光敏器件 VT_1 受到强烈的光照时，内阻变小，VT_2、VT_3 均截止，由 VT_4、VT_5 组成的报警电路不工作；当光照基本消失时，光敏电阻 VT_1 内阻增大，致使 VT_2、VT_3 导通，接通了报警电路的电源，扬声器发出报警声；调节可调电阻 R_P 可获得合适的报警灵敏度。

步骤 2：清点和检测元器件。根据熄火报警器电路原理图，清点元器件，使用万用表检测元器件的好坏。

步骤 3：焊接和组装。根据熄火报警器电路原理图，选择元器件和功能部件，准确地焊接或装配在印刷电路板上，焊点、装配满足工艺要求。注意元器件安装位置要正确、焊接时间不要过长、防止电烙铁漏电等。焊接好的成品如图 6-16 所示。

图 6-16　熄火报警器成品图

步骤 4：调试并实现功能。检查焊接和元件安装都没有问题后，给电路板加合适电压，实现如下功能：当光敏器件受到强烈的光照时，扬声器不发出报警声；当光照基本消失时，扬声器发出报警声。调试时可以采用白炽灯的亮灭当作有强光照与无强光照。

课后拓展

一、填空题

1．传感器通常由_____、_____、测量电路和_____四部分组成。

2．光敏电阻有_____个电极，它在有光照时电阻值_____，无光照时电阻值_____。

3．光敏二极管在正常使用时应工作在_____偏置电压下，当有光照射时，其电流随照射光的强度增大而增大。

4．光敏三极管一般有两个电极，分别是_____极和_____极，它对光的灵敏度比光敏二极管_____。

5. 振荡电路一般由_____电路和_____电路组成。

6. 反馈极性的判断采用_____法进行。

二、判断题

1. 利用瞬时极性法判断图 6-17 中所示电路的反馈极性。

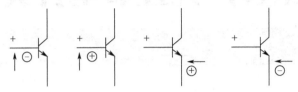

图 6-17　四电路示意图

三、问答题

1. 维修一个振荡电路，如果故障现象是时振时不振，应从哪两个方面入手排查故障？

2. 简述振荡电路的最大特点。

项目七

组装声光控节电开关

项目描述

逻辑代数和基本逻辑门电路是数字电路的基础，门电路是数字电路中最基本的电路，门电路能以各种方式构成更先进、功能更强的数字电路和数字电子产品，所以数字电路是现代电气设备不可缺少的重要组成部分。

声光控节电开关是我们生活中常见的开关，该电路简单、经济、适用，广泛应用于商场、学校、家庭等。

本项目是组装声光控节电开关，组装声光控节电开关的电路原理图如图7-1所示。

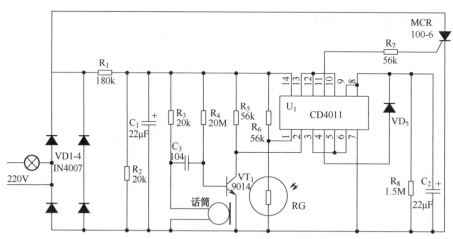

图7-1 声光控节电开关的电路原理图

具体内容

1. 根据给出的声光控节电开关电路原理图，正确无误地从提供的元器件中选取所需的元、器件及功能部件。

2. 根据给出的声光控节电开关电路原理图，将选择的元、器件准确地焊接在提供的印制电路板上。焊点大小适中、光滑、圆润、干净，无毛刺；无漏、假、虚、连焊，引脚加工尺寸及成形符合工艺要求；导线长度、剥线头长度符合工艺要求，芯线完好，捻线头镀锡。

3. 根据给出的声光控节电开关电路原理图，把选取的电子元、器件及功能部件正确地装配在提供的印制电路板上。

4. 给已经焊接好的声光控节电开关电路板通电并调试，实现"在无光和有声条件下声光控节电开关点亮灯泡，并延时熄灭"的节能功能。

项目学习目标

1. 知识目标：了解数字电路的特点；掌握十进制和二进制数的数制转换；掌握基本逻辑门电路的逻辑功能、逻辑符号和逻辑表达式。

2. 能力目标：能运用所学的知识，正确选择元件安装、焊接、检测和调试声光控节电开关电路。

3. 素质目标：通过学习，培养对数字电路的浓厚兴趣，进一步锻炼学生动手操作能力并形成职业素养。

任务一　认识基本门电路

一、任务描述

按图 7-1 所示二极管与门电路图进行电路连接，电路输入端的电压 U_A 和 U_B 分别按图 7-2 所示情况接入，用万用表测量输出端 Y 的电压值，填入表 7-1 中，根据表中输入、输出电压的关系，写出该电路输入、输出端的逻辑关系、逻辑表达式、逻辑符号、输入输出波形图等。

表 7-1　二极管与门电路各测试点电位

U_A/V	U_B/V	Y/V
0	0	
0	3	
3	0	
3	3	

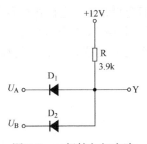

图 7-2　二极管与门电路

二、任务分析

数字电路具有"逻辑思维"能力，能对输入的数字信号进行各种算数运算、逻辑运算和逻辑判断，故又称为数字逻辑电路，从电路的结构上分为组合逻辑电路和时序逻辑电路，它们被广泛用于电视、雷达、通信、电子计算机、自动控制、航空航天等领域。

本任务中提到的逻辑关系、逻辑表达式、逻辑符号等属于电子技术中数字电路的知识，要完成本任务，必须学习一些必要的数字电路基础知识。

三、知识储备

（一）数字电路

电信号通常分为模拟信号和数字信号两种。

模拟信号指在时间和数值上都连续变化的信号，如声音、温度等信号，其波形如图 7-3 所示。处理模拟信号的电路称为模拟电路，如前面所学的整流电路、放大电路、振荡电路。

数字信号指在时间和数值上都不连续的信号（离散的信号），如学生成绩记录、电路中开关的状态等，其波形如图 7-4 所示。处理数字信号的电路称为数字电路。

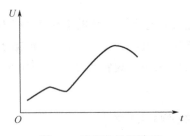
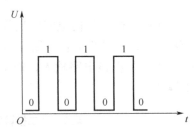

图 7-3　模拟信号的波形　　　　图 7-4　数字信号的波形

数字电路具有以下特点：

（1）数字信号简单，只有两个值（0 或 1），在电路中容易实现。

（2）数字电路易于集成化。

（3）数字电路抗干扰能力强，工作稳定。

（4）可对信号进行算术运算和逻辑运算，进行各种智能化控制。若用"1"表示高电平，用"0"表示低电平，称为正逻辑；若用"0"表示高电平，用"1"表示低电平，称为负逻辑。这里"0"和"1"只代表两个对立的状态，而不是数量的大小。

（二）数制转换

1. 十进制

在十进制中，基本数码有 10 个：0、1、2、3、4、5、6、7、8、9，计数原则是"逢十进一"。任何一个十进制数 M，都可以写成：

$$M = a_{n-1} \times 10^{n-1} + a_{n-2} \times 10^{n-2} + \cdots + a_1 \times 10^1 + a_0 \times 10^0$$

式中，n 是十进制数的位数，10^{n-1}、10^{n-2}、$\cdots$、10^1、10^0 是各位的位权，a_{n-1}、a_{n-2}、$\cdots$、a_1、a_0 是各位数的数码。

例题 7-1 写出十进制数 $(4517)_{10}$ 的展开式。

解： $(4517)_{10} = 4 \times 10^3 + 5 \times 10^2 + 1 \times 10^1 + 7 \times 10^0$

2．二进制

在二进制中，基本数码有两个：0、1，计数原则是"逢二进一"。任何一个 n 位整数的二进制数 S，可以写成：

$$S = a_{n-1} \times 2^{n-1} + a_{n-2} \times 2^{n-2} + \cdots + a_1 \times 2^1 + a_0 \times 2^0$$

式中，n 是二进制数的位数，2^{n-1}、2^{n-2}、$\cdots$、2^1、2^0 是各位的位权，a_{n-1}、a_{n-2}、$\cdots$、a_1、a_0 是各位数的数码。

例题 7-2 写出二进制数 $(1011)_2$ 的展开式。

解： $(1011)_2 = 1 \times 2^3 + 0 \times 2^2 + 1 \times 2^1 + 1 \times 2^0$

3．二进制数和十进制数的互化

（1）二进制数化为十进制数：把二进制数按权展开，然后把各项的数值按十进制相加，即可得到等值的十进制数，这种方法叫做"乘权相加法"。

例题 7-3 将二进制数 $(1011)_2$ 化为十进制数。

解： $(1011)_2 = 1 \times 2^3 + 0 \times 2^2 + 1 \times 2^1 + 1 \times 2^0$

$$= 8 + 0 + 2 + 1$$
$$= (11)_{10}$$

（2）十进制数化为二进制数：把十进制数逐次用 2 除，并记下余数，一直除到商为 0，然后把全部余数按相反次序排列起来，就等值得二进制数，这种方法叫作"除 2 取余倒记法"。

例题 7-4 把十进制数 $(13)_{10}$ 化为二进制数。

解：
```
2 | 13 ............ 余1
  2 | 6 ............ 余0    从下向上写
    2 | 3 ............ 余1    即 (13)₁₀ = (1101)₂
      2 | 1 ............ 余1
          0
```

4．编码

在电子计算机和数字式仪器中，往往采用二进制表示十进制数。通常，把用一组四位二进制码来表示一位十进制数的编码方法称作二—十进制代码，简称为 BCD 码。常用的 BCD 码有：8421 码、5421 码、余 3 码等。

8421BCD 码表示方法为：四位二进制数码的位权从高位到低位依次是 $8(2^3)$、$4(2^2)$、

2（2^1）、1（2^0），其对应关系见表 7-2。

表 7-2 十进制数 8421BCD 码的对应关系

十进制数	0	1	2	3	4	5	6	7	8	9
8421BCD 码	0000	0001	0010	0011	0100	0101	0110	0111	1000	1001

例题 7-5 将十进制数$(168)_{10}$用 8421BCD 码表示。

解：十进制数   1   6   8

     8421 码   0001   0110   1000

即：$(168)_{10} = (000101101000)_{8421BCD}$

练一练 完成下列数制与码制的转换。

$(56)_{10} = ($ $)_2$

$(11001)_2 = ($ $)_{10}$

$(37)_{10} = ($ $)_{8421BCD}$

$(0100100000011010)_{8421BCD} = ($ $)_{10}$

（三）基本逻辑门电路

门电路是数字电路最基本的逻辑元件。所谓"门"，就是一种开关，在一定条件下它允许信号通过，条件不满足时，信号就通不过。因此，门电路的输出信号和输入信号之间存在一定的逻辑关系，故而门电路又称为逻辑门电路。

基本逻辑门电路有与门电路、或门电路、非门电路。由基本门电路组合而成的门电路有与非门电路、或非门电路、与或非门电路、异或门电路等。

1. 与逻辑和与门

（1）与逻辑关系。只有当决定一个事件结果的所有条件都具备时，结果才会发生，这种条件和结果的逻辑关系称为与逻辑关系。实现与逻辑运算的电路叫与门电路。

（2）"与"运算的逻辑表达式为：$Y = A \cdot B$

式中 Y 为逻辑函数，A、B 为输入逻辑变量。$A \cdot B$ 读作"A 与 B"。与逻辑运算符号为"$\cdot$"，运算中可以省略，式中 $Y = A \cdot B$ 可以写成 $Y = AB$。

（3）真值表。表明输入端状态和输出端状态逻辑对应关系的表格。设条件满足为 1，不满足为 0；结果发生为 1，不发生为 0。与门真值表如表 7-3 所示。

表 7-3 与门真值表

A B	Y
0 0	0
0 1	0
1 0	0
1 1	1

（4）逻辑符号。与门的逻辑符号如图 7-5 所示。

（5）与门电路的输入输出波形图如图 7-6 所示。

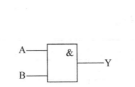

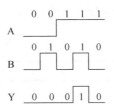

图 7-5　与门的逻辑符号　　　图 7-6　与门电路的输入输出波形图

（6）与门电路的逻辑功能：有 0 出 0，全 1 出 1。

2．或逻辑和或门

（1）或逻辑关系。在决定一个事件结果发生的所有条件中，只要其中一个或者一个以上的条件满足，结果就会发生，这种条件和结果的逻辑关系称为或逻辑关系。实现或逻辑运算的电路叫或门电路。

（2）"或"运算的逻辑表达式为：$Y = A + B$

式中，A+B 读作"A 或 B"。

（3）真值表。或门真值表如表 7-4 所示。

表 7-4　或门真值表

A　　B	Y
0　　0	0
0　　1	1
1　　0	1
1　　1	1

（4）逻辑符号。或门的逻辑符号如图 7-7 所示。

（5）或门电路的输入输出波形图如图 7-8 所示。

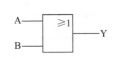

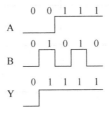

图 7-7　或门的逻辑符号　　　　　图 7-8　或门电路的逻辑输入输出波形图

（6）或门电路的逻辑功能：全 0 出 0，有 1 出 1。

3．非逻辑和非门

（1）非逻辑关系：在事件中，结果总是和条件呈相反状态，这种逻辑关系称为非逻辑关系。实现非逻辑运算的电路叫非门电路。

（2）"或"运算的逻辑表达式为：$Y = \overline{A}$

汽车电工电子技术与技能

式中，$\overline{A}$ 读作"A非"或"A反"。

（3）真值表。非门真值表如表7-5所示。

表7-5　非门真值表

A	Y
0	1
1	0

（4）逻辑符号。非门的逻辑符号如图7-9所示。

（5）非门电路的输入输出波形图如图7-10所示。

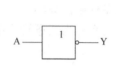

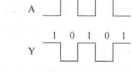

图7-9　非门的逻辑符号　　　图7-10　非门电路的输入输出波形图

（6）非门电路的逻辑功能：有1出0，有0出1。

4. 常见逻辑门电路

常见逻辑门电路的逻辑表达式、逻辑功能及逻辑符号如表7-6所示。

表7-6　常见逻辑门电路的逻辑表达式、逻辑功能及逻辑符号

名　称	逻辑表达式	逻辑功能	逻辑符号
与门	$Y = A \cdot B$	有0出0，全1出1	
或门	$Y = A + B$	有1出1，全0出0	
非门	$Y = \overline{A}$	有1出0，有0出1	
与非门	$Y = \overline{A \cdot B}$	有0出1，全1出0	
或非门	$Y = \overline{A + B}$	有1出0，全0出1	
异或门	$Y = A \oplus B$	同出0，异出1	

5. 逻辑代数的基本运算及规则

逻辑代数基本运算只有：与、或、非三种。

124

与运算规则：0·0=0，0·1=0，1·0=0，1·1=1。

或运算规则：0+0=0，0+1=1，1+0=1，1+1=1。

非运算规则：$\overline{0}=1$，$\overline{1}$。

练一练 写出如图 7-11 所示的逻辑电路符号，并根据输入波形图画出输出波形图。

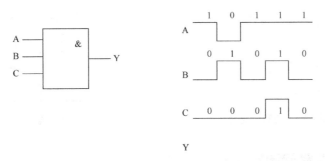

图 7-11 逻辑电路符号

四、任务实施

步骤 1：做实验。按照 7-2 所示的电路图连接电路，根据表 7-1 中输入电压的要求提供电压，测量输出端电压并填入相应表格中，如表 7-7 所示。

表 7-7 二极管与门电路各测试点电位

U_A/V	U_B/V	Y/V
0	0	0
0	3	0
3	0	0
3	3	3

步骤 2：确定逻辑关系。通过分析表 7-7 中输入电压和输出电压数据，得出该电路逻辑关系是：只有 U_A 和 U_B 同时都是 3V 时，输出端 Y 才会输出 3V。

步骤 3：确定真值表。将表中 0V 和 3V 分别用低电平 "0" 和高电平 "1" 表示，得到真值表，如表 7-8 所示。

表 7-8 真值表

A	B	Y
0	0	0
0	1	0
1	0	0
1	1	1

步骤 4：确定逻辑表达式。根据真值表的数据，得出该电路是与逻辑关系。即得逻辑

表达式：$Y = AB$ 。

　　步骤 5：确定逻辑符号。根据与逻辑门知识，可知该电路逻辑符号如图 7-12 所示。

　　步骤 6：画出输入输出波形图。根据与逻辑门电路的真值表和逻辑功能：有 0 出 0，全 1 出 1，则该电路输入输出波形图如图 7-13 所示。

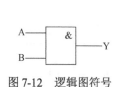

图 7-12　逻辑图符号

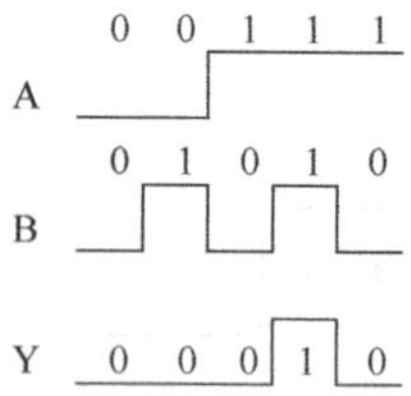

图 7-13　输入输出波形图

五、学习任务评价

将本次学习任务的评价填写在表 7-9 中。

表 7-9　学习任务评价表

姓名：＿＿＿＿＿＿＿＿　班级：＿＿＿＿＿＿＿＿　实训日期：＿＿＿＿＿＿＿＿

任务名称						
评价项目	内容	评价标准	配分	自评	组评	师评
应知	1. 数字电路基础知识；数制与码制转换	（1）掌握 20 分； （2）熟悉 12 分； （3）了解 8 分； （4）不知道 0 分	20			
应会	2. 工作态度	（1）态度好、认真者 5 分； （2）较好 3 分； （3）差 1 分	5			
	3. 资料收集	（1）会收集相关资料； （2）分析和理解资料	20			
	4. 基本逻辑门电路函数表示法和基本逻辑运算	（1）能运用学过的知识； （2）回答正确	50			
	5. 安全文明操作	正确连接电路	5			
	6. 核定时间	每超过 5 分钟扣 5 分				
得分			100			
	总分＝自评×20%＋小组评×30%＋教师评×50%					
自我小结						

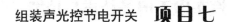

任务二 识别集成门电路

一、任务描述

在声光控开关电路套件中有一名称为 CD4011 的元器件，是一块集成电路，其实物外形如图 7-14 所示。请画出该集成电路引脚及内部逻辑结构图，试述其各管脚功能。

图 7-14　CD4011 集成门电路实物外形图

二、任务分析

随着电子技术的迅速发展，在绝大部分实际应用中分立元件构成的门电路已被集成逻辑门电路所取代。集成门电路除了具有高可靠性、微型化等优点外，更为突出的优点是转换速度快，而且输入和输出的高、低电平取值相同，便于多级串接使用。要完成本任务，我们要学习和了解集成门电路的种类及内部电路结构，掌握集成门电路引脚功能。

三、知识储备

目前应用较多的集成门电路有 TTL 集成门电路和 CMOS 集成门电路两大类，其中集成与非门电路应用比较广泛。

（一）TTL 与非门

由于这种集成门电路的结构形式采用了半导体三极管，其功能都是用半导体三极管实现的，所以一般称为晶体管—晶体管逻辑门，简称 TTL 集成门电路。选用集成逻辑门电路时，可从产品手册上查出其封装方式、外接引线排列、逻辑功能、典型参数和极限参数等资料。

例如，TTL 集成与非门电路是在一块小小的芯片中，封装多个与非门，集成电路内部的各个逻辑门互相独立，可以单独使用，但它们共用一根电源引线和一根地线，不管使用哪个门，都必须将 V_{CC} 引脚接+5V 电源，接地引脚接公共地线。

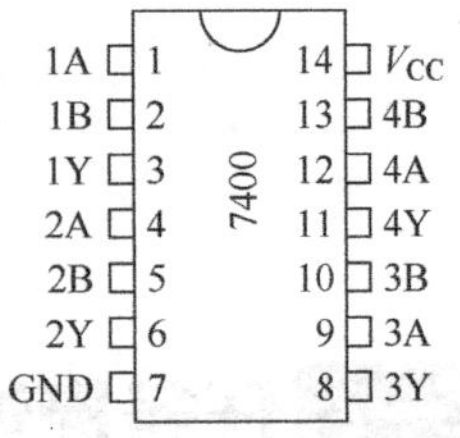

图 7-15　74LS00 引脚图

在 TTL 类型中，CT74LS 系列为目前广泛应用的产品，一般为双列直插塑封型。如图 7-15 所示为与非门 74LS00 引脚图。

74LS00 门电路芯片内有四个与非门电路，每个与非门相互独立，可单独使用，但是电源和接地线是公共的。其各引脚功能如表 7-10 所示。

表 7-10　74LS00 门电路各引脚功能

组　　别	输入（引脚编号）	输出（引脚编号）	实现功能
1	1	3	与非门
	2		功能：有 0 出 1，全 1 出 0
2	4	6	与非门
	5		功能：有 0 出 1，全 1 出 0
3	9	8	与非门
	10		功能：有 0 出 1，全 1 出 0
4	12	11	与非门
	13		功能：有 0 出 1，全 1 出 0

检测该集成电路并判断好坏，除电阻法外，也可给每个与非门输入端输入电压检测输出端电压，符合逻辑功能的就是好的，否则是坏的。

由于 TTL 门电路具有多个输入端，在实际使用时，需要对一些闲置不用的输入端进行处理。对于与非门，可采用以下方式：一是接高电平；二是与有用输入端并联；三是悬空。

（二）CMOS 与非门

MOS 集成逻辑门是采用 MOS 管作为开关元件的数字集成电路，MOS 门有 PMOS、NMOS 和 CMOS 三种类型。CMOS 电路是由 NMOS 管和 PMOS 管构成的互补对称型 MOS 电路，优点是静态功耗低，抗干扰能力强，工作稳定性好，开关速度快，但制作工艺复杂、成本偏高。但由于其优点突出，所示是现在发展迅速、应用广泛的一种集成电路。

CMOS 集成电路在存放、运输、使用过程中要防静电，闲置的输入端不能悬空；输出端不允许接电源或地，而且不同芯片的输出端不能并接。

四、任务实施

步骤 1：确定集成门电路外引线排列图。观察图 7-2，可知该集成块的名称是 CD4011，查找集成块手册或网上搜索资料，可知该集成电路为常见的 CMOS 集成与非门电路。集成门电路 CD4011 的引脚及内部逻辑结构图如图 7-16 所示。

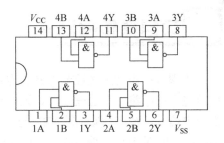

图 7-16　CD4011 的引脚及内部逻辑结构图

　　步骤 2：集成块各管脚功能。观察图 7-2，可知该集成块的名称是 CD4011，为双列直插封装。查找集成块手册或网上搜索资料，得知该集成块内部包含四个与非门电路，每个与非门相互独立。各管脚功能：引脚 1（1A）、2（1B）、3（1Y）是一个与非门，引脚 1、2 是数据输入端，引脚 3 是数据输出端；引脚 4（2A）、5（2B）、6（2Y）是一个与非门，引脚 4、5 是数据输入端，引脚 6 是数据输出端；引脚 9（3A）、10（3A）、8（3Y）是一个与非门，引脚 9、10 是数据输入端，引脚 8 是数据输出端；引脚 12（4A）、13（4A）、11（4Y）是一个与非门，引脚 12、13 是数据输入端，引脚 11 是数据输出端；引脚 14（Vcc）是接电源正端，引脚 7（V_{SS}）接地。

五、学习任务评价

　　将本次学习任务的评价填写在表 7-11 中。

表 7-11　学习任务评价表

姓名：＿＿＿＿＿＿　　班级：＿＿＿＿＿＿　　实训日期：＿＿＿＿＿＿

任务名称							
评价项目	内　容	评价标准	配分	自评	组评	师评	
应知	1. 数字电路基础知识、集成门电路知识	（1）掌握 20 分； （2）熟悉 12 分； （3）了解 8 分； （4）不知道 0 分	20				
应会	2. 工作态度	（1）态度好、认真者 5 分； （2）较好 3 分； （3）差 1 分	5				
	3. 资料收集	（1）会收集相关资料； （2）分析和理解资料	20				
	4. 正确画出 CD4011 引脚及内部逻辑结构图、各引脚功能	（1）管脚外引线排列正确； （2）回答引脚功能正确	50				
	5. 安全文明操作		5				
	6. 核定时间	每超过 5 分钟扣 5 分					
得分			100				
	总分＝自评×20%＋小组评×30%＋教师评×50%						
自我小结							

项目操作指南

步骤 1：识读声光控节电开关电路原理图。查找和收集资料，运用所学知识进行声光控节电开关电路工作过程分析。该电路工作过程是：声音信号由驻极体话筒 BM 接收并转换成电信号，经 C_3 耦合到 VT_1 的基极进行电压放大，放大的信号送到与非门（D_1）的 2 脚，R_4、R_5 是 VT_1 的偏置电阻，C_1 是电源滤波电容。为了使声光控开关在白天断开，即灯不亮，由光敏电阻 RG 等元件组成光控电路，R_6 和光敏电阻 RG 组成串联分压电路，夜晚环境无光时，光敏电阻的阻值很大，RG 两端的电压高，即为高电平，此时和被放大的音频电信号一起加到 CD4011 的第一个门电路——控制门 D_1 的输入端，控制门打开 D_1 输出为低电平，使 D_2 输出为高电平，经 D_2 整形后通过二极管 VD_5 送至两极整形门电路 D_3、D_4（同时很快给 C_2 充电），整形后输出的高电平作为触发延迟信号加到单向晶闸管的门极，使晶闸管导通。同时在声控信号或光控信号消失后 D_1 关闭，输出为高电平，使 D_2 输出为低电平，VD_5 截止，充满电后的 C_2 只向 R_8 放电，当放电到一定电平时，经与非门 D_3 使 D_4 输出为低电平，单向晶闸管失去触发信号而截止，完成一次完整的灯由亮到灭的自动熄灭过程。VD_1-VD_4 构成桥式整流电路，把交流 220V 电压变为直流电，再经电阻 R_1、R_2 分压，大电容 C_1 是滤波电容，给其他电路提供合适的直流电压电流。

步骤 2：清点和检测元器件。根据声光控节电开关电路原理图，清点元器件，使用万用表检测元器件的好坏。

步骤 3：焊接和组装。根据声光控节电开关电路原理图，选择元器件和功能部件，准确地焊接或装配在印刷电路板上，焊点、装配满足工艺要求。注意集成电路安装位置要正确、焊接时间不要过长、防止电烙铁漏电等。声光控节电开关成品如图 7-17 所示。

图 7-17　声光控节电开关成品

步骤 4：调试并实现功能。检查焊接和元件安装都没有问题后，给电路加合适电压，实现只有在对话筒发出声音，同时利用黑色东西遮挡光敏电阻时，灯才能点亮并延迟一段时间熄灭的功能。

一、填空题

1. 门电路中，最基本的逻辑门有三种，即_____、_____、_____。
2. 数字集成逻辑电路组成器件的种类可分为_____系列和_____系列两大类。
3. $(1001)_2 + (111)_2$ 等于二进制数_____，对应的十进制数是_____。
4. $(1001)_2 \times (111)_2$ 等于二进制数_____，对应的十进制数是_____。
5. 十进制数 39 化为二进制数是_____。
6. TTL 集成逻辑电路的电源电压是_____V。

二、选择题

1. 只有高、低电平的矩形脉冲信号属于（　　）。
   A. 模拟信号　　　　B. 直流信号　　　　C. 数字信号
2. "有 0 出 1，全 1 出 0" 属于（　　）。
   A. 与逻辑　　　　B. 或逻辑　　　　C. 非逻辑　　　　D. 与非逻辑
3. 二进制数 11101 化成十进制数为（　　）。
   A. 29　　　　B. 57　　　　C. 4　　　　D. 15
4. 十进制数 366 化成二进制数为（　　）。
   A. 101101111　　B. 1011101　　C. 101101110　　D. 111101110
5. 图 7-18 所示逻辑电路中，当 Y=1 时，则输入 X 为（　　）。
   A. 0　　　　B. 1　　　　C. 0 或 1 均可
6. 图 7-19 所示逻辑电路中，Y 的逻辑电平为（　　）。
   A. 0　　　　B. 1　　　　C. 0 或 1 均可

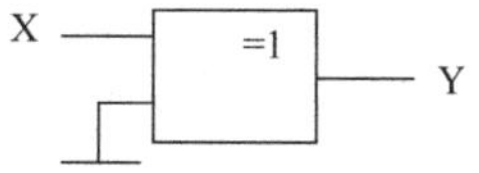

图 7-18　题 5 示意图 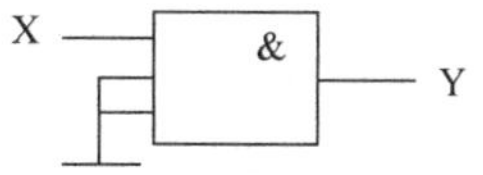　　　　图 7-19　题 6 示意图

7. 图 7-20 所示的逻辑门电路中，能实现 Y=A 的是（　　）。

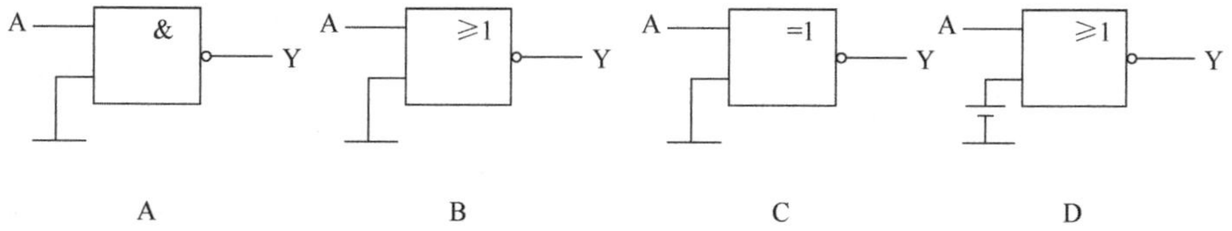

图 7-20　题 7 示意图

8. 图 7-21 所示的 COMS 逻辑门电路，对多余的输入端处理错误的是（　　）。

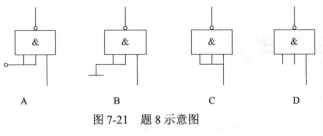

图 7-21　题 8 示意图

三、判断题

1. 在逻辑代数中，"1"比"0"大。 （　　）

2. 在数字电路中，高电平和低电平指的是一定的电压范围，而不是一个固定不变的数值。 （　　）

3. 异或门的逻辑功能是：有 1 出 1，全 0 出 0。 （　　）

4. 非门电路通常有多个输入端，一个输出端。 （　　）

5. 表示一种逻辑功能的真值表是唯一的，而它的表达式和逻辑图可以有多种形式。

（　　）

项目八

制作变音警笛电路

　　警车、救护车、消防车等车辆都有一个共同点，那就是它们都装备有一个变音警笛电路，当这些车辆执行公务的时候，就会发出响亮的"呜-哇-呜-哇"的警笛声，提醒路上行人和车辆注意并避让。

　　变音警笛电路也可改造成报警器，用于企事业单位或居民家庭的安保系统。本项目通过制作如图8-1所示的变音警笛电路，学习组合逻辑、时序逻辑、脉冲产生和整形等数字电路的相关知识及应用。

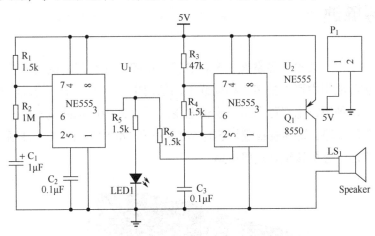

图 8-1　变音警笛电路原理图

具体内容

　　1. 根据给出的变音警笛电路原理图，正确无误地选取所需的元器件及功能部件。

　　2. 将元器件准确地焊接在提供的印制电路板上。焊点大小适中、光滑、圆润、干净，无毛刺；无漏、假、虚、连焊，引脚加工尺寸及成形符合工艺要求；导线长度、剥线头长度符合工艺要求，芯线完好，捻线头镀锡。

　　3. 通电前检查电路有无错漏，通电检测电路并测量 NE 555 集成电路各脚电压。

　　4. 给变音警笛电路通电并调试，尝试找出改变警笛声节奏和音调的方法。

　　5. 安全文明操作。

1. 知识目标：了解三类基本数字电路：组合逻辑电路、时序逻辑电路、脉冲产生和整形电路；认识一些数字电路的经典代表，如编码器、译码器、触发器、计数器、寄存器、多谐振荡器、555 定时器等；熟悉数字电路的分析方法和功能应用。

2. 能力目标：能运用所学的知识，识读变音警笛电路原理图；会正确选择元件，按照工艺要求安装变音警笛电路。

3. 情感目标：通过学习，学到了三类数字电路的知识，使学生的知识体系进一步完善；通过制作作品，使学生获得成功或失败的体验，进一步培养学生的动手能力和良好的操作习惯，以及细心、耐心、严谨的工作作风。

任务一 分析组合逻辑电路

一、任务描述

经过前面的学习，大家已经掌握了多种逻辑门电路，如与门、或门、非门、与非门、或非门等。在实际应用中可以把多个相同或不同的门电路组合起来，构成具有某种特定功能的逻辑电路，这种逻辑电路称为组合逻辑电路。图 8-2 中所示的是一个三人表决器，它就是一种组合逻辑电路。请你查找逻辑芯片 74LS00 和 74LS10 的资料，并画出三人表决器的组合逻辑电路图；分析该组合逻辑电路。

图 8-2 三人表决器及其电路图

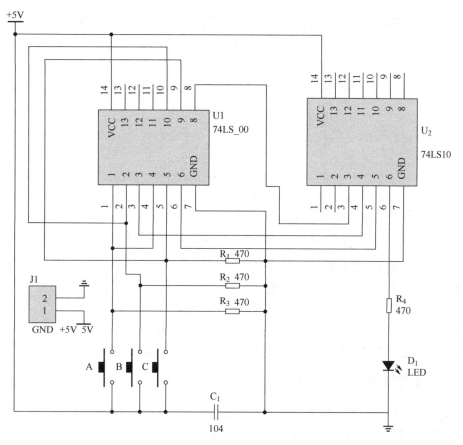

图 8-2　三人表决器及其电路图（续）

二、任务分析

　　组合逻辑电路的结构灵活多变，我们不可能一眼就看出它的功能、原理，必须经过科学的分析步骤。我们先要学习组合逻辑电路的知识及其分析方法，还要认识一些常见的组合逻辑电路，然后才能熟练地分析该表决器的逻辑原理。

三、知识储备

（一）组合逻辑电路

1. 什么是组合逻辑电路

　　数字电路根据逻辑功能的不同，可以分成两大类，一类叫做组合逻辑电路（简称组合电路），另一类叫时序逻辑电路（简称时序电路）。组合逻辑电路是由多个逻辑门电路按一定方式连接组合而成的，它的特点是在任何时刻的输出状态只决定于同一时刻各输入状态的组合，而与电路以前的状态无关，也与其他时间的状态无关。图 8-3 是由三个"与非"门和两个"非"门组成的一个组合逻辑电路。

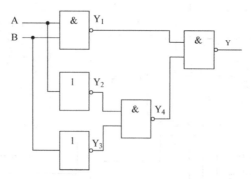

图 8-3 多个非门和与非门组成的一个组合逻辑电路

图 8-3 所示组合逻辑电路的特点如下：

（1）输入、输出之间没有反馈通道。

（2）电路由常用门电路组合而成，没有记忆单元。

（3）输出 Y 任意时刻的值只与同一时刻的输入 A、B、C 有关。

（4）输出 Y 的值不能直接得知，要经过若干步骤的分析才能得出。

2. 组合逻辑电路的分析步骤

一般组合逻辑电路的分析要经过三个步骤：

（1）根据已知逻辑图逐级写出逻辑函数表达式。

从逻辑图的输入端到输出端，依次写出各级门电路的逻辑函数表达式，最后写出输出量 Y 的逻辑函数表达式。例如，图 8-3 所示电路的逻辑函数表达式如下：$Y_1 = \overline{AB}$　　$Y_2 = \overline{A}$
$Y_3 = \overline{B}$　　$Y_4 = \overline{Y_2 Y_3}$　　$Y = \overline{Y_1 Y_4}$

（2）化简该逻辑函数表达式。

$$Y = \overline{Y_1 Y_4} = \overline{Y_1 \overline{Y_2 Y_3}} = \overline{Y_1} + Y_2 Y_3 = \overline{\overline{AB}} + \overline{A}\,\overline{B} = AB + \overline{AB}$$

（3）列出真值表（表 8-1），并进行逻辑功能分析。

表 8-1　真值表

A	B	Y
0	0	1
0	1	0
1	0	0
1	1	1

从表 8-1 的真值表上进行分析可以得出结论：当输入 A 和 B 的值相同时，输出 Y 就等于 1，A 和 B 的值不相同时输出 Y 等于 0，所以该电路逻辑功能是两输入变量一致鉴别器。

3. 常用组合逻辑电路

常用的组合逻辑电路主要有编码器、译码器、加法器、数据选择器、数据分配器等，除了常用的组合逻辑电路，我们也可以根据具体应用的需要，自行选择一些门电路来组合。

（二）编码器

在数字电路系统里，为了区分一系列不同的事物，将其中的每个事物用一个二进制代码表示，把多个二进制码按一定的规律编排为一组，使每组代码具有一定的含义，称为编码。具有编码功能的逻辑电路称为编码器。常见的编码器有二进制编码器和二—十进制编码器等。

1. 二进制编码器

图 8-4 是一种三位二进制编码器的逻辑图。该编码器有 8 个输入端，3 个输出端，所以又称为 8 线—3 线编码器。

我们可以按照上面组合逻辑电路的分析步骤对它进行分析。

首先，由逻辑电路可以得到 Y_2、Y_1、Y_0 的逻辑函数表达式：

$Y_2 = I_4 + I_5 + I_6 + I_7$

$Y_1 = I_2 + I_3 + I_6 + I_7$

$Y_0 = I_1 + I_3 + I_5 + I_7$

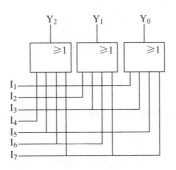

图 8-4　三位二进制编码器逻辑图

其次，列出真值表，如表 8-2 所示。最后根据真值表分析功能，8 线—3 线编码器虽然有 8 个输入端，但在任何时刻，只能对其中一个输入端的信号进行编码。它的 8 个输入端代表 8 个十进制数，即 0～7，编码器每次将输入信号所代表的十进制数"翻译"成三位二进制数，在 3 个输出端输出。例如，输入 I_2 时，I_2 代表十进制数"2"，"翻译"为二进制数就是"010"，所以编码器输出 $Y_2 Y_1 Y_0 = 010$，其余编码可照此类推。

表 8-2　三位二进制编码器真值表

十 进 制 数	输 入 变 量	输　出		
		Y_2	Y_1	Y_0
0	I_0	0	0	0
1	I_1	0	0	1
2	I_2	0	1	0
3	I_3	0	1	1
4	I_4	1	0	0
5	I_5	1	0	1
6	I_6	1	1	0
7	I_7	1	1	1

2. 二—十进制编码器

将十进制数 0~9 编成二进制代码的逻辑电路就是二—十进制编码器。

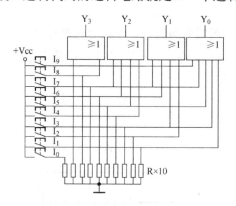

图 8-5　二—十进制编码器逻辑电路

二—十进制编码器的逻辑电路如图 8-4 所示，它的输出逻辑函数表达式为：

$$Y_3 = I_8 + I_9 \qquad\qquad Y_2 = I_4 + I_5 + I_6 + I_7$$
$$Y_1 = I_2 + I_3 + I_6 + I_7 \qquad\qquad Y_0 = I_1 + I_3 + I_5 + I_7 + I_9$$

这些输出逻辑函数表达式同样已是最简了，可以直接得出其真值表，如表 8-3 所示。

根据真值表可以分析出功能，它是一个 10 线—4 线编码器，有 10 个输入端，4 个输出端。它的 10 个输入端代表 0~9 十个十进制数，编码器将输入信号所代表的十进制数"翻译"成四位二进制数，在 4 个输出端输出。例如，输入 I_1 时，I_1 代表十进制数"1"，"翻译"为二进制数就是"0001"，所以编码器输出 $Y_3Y_2Y_1Y_0=0001$，其余编码可照此类推。

表 8-3　二一十进制编码器真值表

十 进 制 数	输 入 变 量	输　　出			
		Y_3	Y_2	Y_1	Y_0
0	I_0	0	0	0	0
1	I_1	0	0	0	1
2	I_2	0	0	1	0
3	I_3	0	0	1	1
4	I_4	0	1	0	0
5	I_5	0	1	0	1
6	I_6	0	1	1	0
7	I_7	0	1	1	1
8	I_8	1	0	0	0
9	I_9	1	0	0	1

（三）译码器

译码器是将具有特定含义的二进制代码"翻译"成相应的输出信号，译码器和编码器互为逆过程。常见的译码器有 2 线—4 线译码器、4 线—10 线译码器等。

1. 2 线—4 线译码器

表 8-4　2 线—4 线译码器真值表

S	B　A	$\overline{Y_3}$　$\overline{Y_2}$　$\overline{Y_1}$　$\overline{Y_0}$
1	× ×	1　1　1　1
0	0　0	1　1　1　0
0	0　1	1　1　0　1
0	1　0	1　0　1　1
0	1　1	0　1　1　1

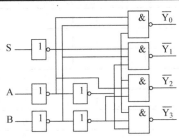

图 8-6　2 线—4 线译码器逻辑图

按照图 8-6 的逻辑图我们可以得出其逻辑函数表达式：

$$\overline{Y_3}=\overline{SBA} \qquad \overline{Y_2}=\overline{SB\overline{A}} \qquad \overline{Y_1}=\overline{S\overline{B}A} \qquad \overline{Y_0}=\overline{S\overline{B}\,\overline{A}}$$

经过化简得到：

$$\overline{Y_3}=S+\overline{B}+\overline{A} \qquad \overline{Y_2}=S+\overline{B}+A \qquad \overline{Y_1}=S+B+\overline{A} \qquad \overline{Y_0}=S+B+A$$

根据其简化的逻辑函数表达式可以列出真值表，如表 8-4 所示。

根据 2 线—4 线译码器的真值表，我们可以分析出它的功能。该译码器有一个使能端 S，两个输入端 B 和 A，四个输出端 $\overline{Y_3 Y_2 Y_1 Y_0}$，当使能端有效时（低电平），对于输入端输入的两位二进制代码，仅在其对应的输出端输出有效电平（低电平），其他输出端为无效电平（高电平）。例如，在 BA 输入"00"，经过"翻译"成十进制"0"，则译码器选中 $\overline{Y_0}$ 并输出低电平。

由此可见，译码器的功能与编码器相反。

2. 4 线—10 线译码器

2 线—4 线译码器只能够处理两位二进制编码，如果要处理更多位的二进制编码，如四位二进制编码，则可使用 4 线—10 线译码器。

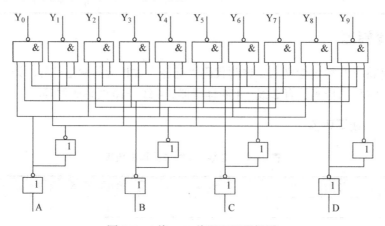

图 8-7　4 线—10 线译码器逻辑图

表 8-5　4 线—10 线译码器真值表

D C B A	Y_0	Y_1	Y_2	Y_3	Y_4	Y_5	Y_6	Y_7	Y_8	Y_9
0 0 0 0	0	1	1	1	1	1	1	1	1	1
0 0 0 1	1	0	1	1	1	1	1	1	1	1
0 0 1 0	1	1	0	1	1	1	1	1	1	1
0 0 1 1	1	1	1	0	1	1	1	1	1	1
0 1 0 0	1	1	1	1	0	1	1	1	1	1
0 1 0 1	1	1	1	1	1	0	1	1	1	1
0 1 1 0	1	1	1	1	1	1	0	1	1	1
0 1 1 1	1	1	1	1	1	1	1	0	1	1
1 0 0 0	1	1	1	1	1	1	1	1	0	1
1 0 0 1	1	1	1	1	1	1	1	1	1	0

根据 4 线—10 线译码器的逻辑图和真值表，我们可以知道该译码器与 2 线—4 线译码器的功能类似，只不过输入端有四个 D、C、B 和 A，输出端有十个 $Y_0 \sim Y_9$，当输入端输

入的四位二进制代码时，仅在其对应的输出端输出有效电平（低电平），其他输出端为无效电平（高电平）。例如，在 DCBA 输入"0000"，经过"翻译"成十进制"0"，则译码器选中 Y_0 并输出低电平。

想一想　为了得到"9"的二进制编码，应该选用什么器件呢？该器件输出什么信号才正确？

解：（1）要得到二进制编码必须要用编码器，而且要能翻译"9"，就需要用二—十进制编码器。（2）"9"的二进制编码为"1001"，则二—十进制编码器的输出 Y_3 和 Y_0 为高电平，Y_2 和 Y_1 为低电平，即 $Y_3Y_2Y_1Y_0=1001$。

四、任务实施

步骤 1：查找资料，了解 74LS00 和 74LS10 的功能。如图 8-8 所示，74LS00 是一个 2 输入端四与非门，74LS10 是一个 3 输入端三与非门。

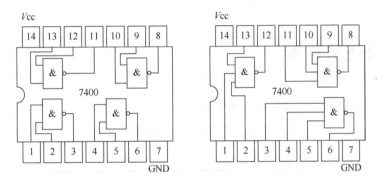

图 8-8　74LS00 和 74LS10 芯片引脚及内部逻辑图

步骤 2：根据电路原理图及 74LS00 和 74LS10 的内部逻辑，可画出三人表决器的逻辑原理图，如图 8-9 所示。

表 8-6　真值表

D	C	B	Y
0	0	0	0
0	0	1	0
0	1	0	0
0	1	1	1
1	0	0	0
1	0	1	1
1	1	0	1
1	1	1	1

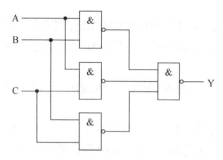

图 8-9　三人表决器逻辑图

步骤 3：根据三人表决器的逻辑图推导出逻辑函数表达式，并化简：

$$Y = \overline{\overline{AB} \cdot \overline{BC} \cdot \overline{CA}} = AB + BC + CA$$

步骤 4：根据逻辑函数表达式推导出三人表决器的真值表。

步骤 5：根据以上的分析可以得出结论，三人表决器每人一个按键，同意则按键，不同意则不按键。按键为"1"，不按时为"0"。结果用指示灯表示，多于 2 人（含 2 人）同意，则输出 Y 为"1"，即点亮指示灯。

五、学习任务评价

将本次学习任务的评价填写在表 8-7 中。

表 8-7　学习任务评价表

姓名：＿＿＿＿＿＿＿　班级：＿＿＿＿＿＿＿　实训日期：＿＿＿＿＿＿＿

任务名称							
评价项目	内容	评价标准	配分	自评	组评	师评
应知	1. 组合逻辑电路分析步骤，编码器、译码器基本知识	（1）掌握 20 分； （2）熟悉 12 分； （3）了解 8 分； （4）不知道 0 分	20			
应会	2. 工作态度	（1）态度好、认真者 5 分； （2）较好 3 分； （3）差 1 分	5			
	3. 资料收集	（1）会收集相关资料； （2）分析和理解资料	20			
	4. 分析三人表决器的工作原理	（1）能运用学过的知识； （2）回答正确	50			
	5. 安全文明操作		5			
	6. 核定时间	每超过 5 分钟扣 5 分				
得分			100			
总分＝自评×20%＋小组评×30%＋教师评×50%						
自我小结						

任务二　分析四人抢答器电路

一、任务描述

在上一个任务中，我们学习了各种组合逻辑电路，组合逻辑电路还可以和存储电路组成时序逻辑电路，图 8-10 是一个四人抢答器电路，它就是一种时序逻辑电路。请你查找资料了解 74LS175 芯片的功能，描述该抢答器是如何实现抢答的。

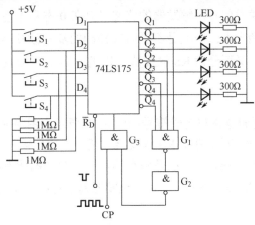

图 8-10　四人抢答器及其电路图

二、任务分析

前面我们学习的组合逻辑电路功能虽然很强大，但是它没有存储、保持的功能，也就是说，有输入信号，就有相应的输出信号，一旦输入信号消失，输出也跟着消失。然而有些应用是需要有记忆功能的，比如抢答器电路，它就要求把最先输入的信号"记录"下来，并一直保持到电路被复位。这样的电路在数字电路中被称为时序逻辑电路，下面我们一起来学习时序逻辑电路的特点，认识常见的时序逻辑电路器件，分析四人抢答器的工作原理。

三、知识储备

（一）时序逻辑电路

时序逻辑电路又简称时序电路，是一种具有记忆功能的逻辑电路，主要由存储电路和组合逻辑电路两部分组成，其结构框图如图 8-11 所示。

时序逻辑电路在逻辑功能上的特点是任意时刻的输出不仅取决于当时的输入信号，而且还取决于电路原来的状态。在其电路中的存储电路，可以将输出的状态保持住。

常见的时序逻辑电路有触发器、计数器、寄存器等。

（二）触发器

触发器是构成时序逻辑电路的基本存储单元，具有记忆功能。一个触发器可以记忆一位二进制数。它有两个稳定状态，一个是 0 态，另一个是 1 态。无触发信号时触发器维持原态，如果外加合适的触发信号，触发器的状态可以在 0 态和 1 态之间互相转换。按触发器的结构形式，可分为两大类：一类是不受时钟控制的基本触发器；另一类是时钟控制触发器。按逻辑功能划分，又可分为 RS 触发器、JK 触发器、D 触发器和 T 触发器等。

1. 基本 RS 触发器

基本 RS 触发器的逻辑电路与逻辑符号如图 8-12 所示，图中 R 和 S 端的上画线 "–" 及小圆圈 "。" 表示低电平有效。基本 RS 触发器由两个与非门输入、输出端交叉相连而成，其中 $\bar{R}$、$\bar{S}$ 是它的两个输入端，Q、$\bar{Q}$ 是两个输出端，它们的状态始终是互补的。通常规定 Q 端的状态为触发器的状态，即 Q=0 时，触发器为 0 态；Q=1 时，触发器为 1 态。

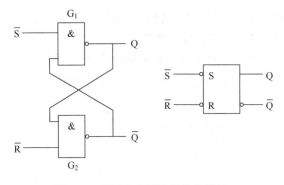

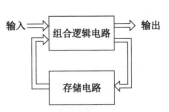

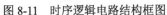

图 8-11 时序逻辑电路结构框图　　图 8-12 基本 RS 触发器及其符号

基本 RS 触发器的逻辑功能见表 8-8 所示真值表。

表 8-8 基本 RS 触发器真值表

现态	输入信号		次态	功能
Q^n	$\overline{R}$	$\overline{S}$	Q^{n+1}	
0	0	1	$0\atop0$ } 0	置0
1	0	1		
0	1	0	$1\atop1$ } 1	置1
1	1	0		
0	1	1	$0\atop1$ } Q^n	保持
1	1	1		
0	0	0	不确定	不正常（不允许）
1	0	0		

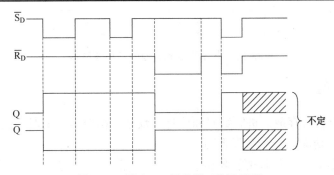

图 8-13 基本 RS 触发器工作波形图

由此可见，在任何时候，只要输入信号 $\overline{S}$ 或 $\overline{R}$ 出现低电平，基本 RS 触发器的状态立即根据此时的输入信号来改变自己的状态，而不会受其他信号的限制。$\overline{S}$ 又称为置 1 端，$\overline{R}$ 称为置 0 端。

2. D 触发器

为了协调某些触发器在同一时刻动作，通常引入同步信号，只有在同步信号到达时触发器才按输入信号改变状态，这种同步信号又称为时钟脉冲，用 CP 表示。D 触发器只有一个信号输入端，时钟脉冲 CP 未到来时，输入端的信号不起任何作用，在 CP 信号到来的瞬间，输出立即变成与输入相同的电平，即 $Q^{n+1}=D$。

D 触发器的电路结构及逻辑符号如图 8-14 所示。

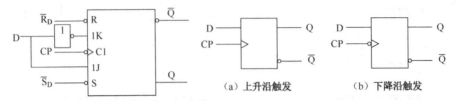

(a) 上升沿触发   (b) 下降沿触发

图 8-14　D 触发器的电路结构及逻辑符号

D 触发器的 CP 端的符号 ">" 表示采用的是边沿触发，符号 ">" 外有 "。" 表示触发器采用下降沿触发，没有 "。" 表示采用上升沿触发。D 触发器逻辑功能见表 8-9。

表 8-9　D 触发器真值表

输入信号	输出信号	功能说明
D	Q^{n+1}	
0	0	置 0
1	1	置 1

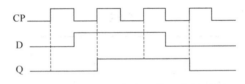

图 8-15　上升沿 D 触发器的工作波形图

（三）寄存器

寄存器是用以暂时存放二进制数码和信息（数据、指令等）的时序逻辑电路器件。由于触发器具有记忆功能，一个触发器可以存储 1 位二进制数码，所以寄存器由触发器和门电路构成，要存放 n 位二进制数码的寄存器就需要 n 个触发器来组成。按功能不同，寄存器有基本寄存器和移位寄存器两种。

如图 8-16 所示的是由四个 D 触发器并联组成的四位二进制基本寄存器，它能接收和存储四位二进制数码。

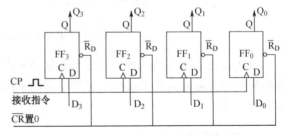

图 8-16　四位二进制寄存器

四位二进制寄存器的工作过程如下：

（1）清零：令 $\overline{CR}$（总清零端）=0，则 $Q_3Q_2Q_1Q_0$=0000。

（2）寄存数码：令 $\overline{CR}$=1。例如，存入 1010，则在寄存器 D_3、D_2、D_1、D_0 输入端分别为 1、0、1、0。当 CP 脉冲（接收数码的控制端）的上升沿一到，寄存器的状态 $Q_3Q_2Q_1Q_0$=1010，只要使 $\overline{CR}$=1，CP=0，寄存器就处在保持状态。从而完成了数码的接收和暂存功能。

基本寄存器的特点是：在接收数码时，各位数码是同时输入的，在输出数码时，也是同时输出的。因此，这种寄存器又称为并行输入、并行输出数码寄存器。

练一练　上升沿 D 触发器的时钟脉冲 CP 及输入信号 D 的波形分别如下图所示，试画出 Q 端的波形。（设 Q 的初态为"0"）

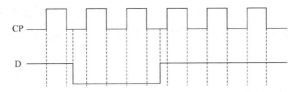

解：上升沿触发型 D 触发器在时钟脉冲 CP 信号的上升沿到来的瞬间，输出立即变成与输入相同的电平，即 Q^{n+1}=D。因此输出 Q 端的波形如下所示。

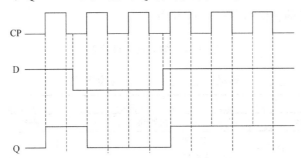

四、任务实施

步骤 1：查找资料，了解 74LS175 芯片的功能。如图 8-17 所示，74LS175 是一个四上升沿 D 型触发器，在芯片上集成了 4 个相互独立的 D 型触发器。

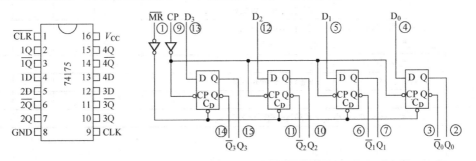

图 8-17　74LS175 芯片引脚及内部逻辑图

每个触发器对应一个输入端 D 和互补的两个输出端 Q、$\overline{Q}$。并且 4 个触发器共用置 0 端 $\overline{MR}$ 和工作脉冲输入端 CP。$\overline{MR}$ 是低电平信号有效，当 $\overline{MR}$ =0 时，Q_1-Q_4=0，即 4 个 D 触发器同时被置 0。4 个 D 触发器受到同一个工作脉冲输入端 CP 的控制，只有在 CP 信号处于上升沿时，触发器将 D 端输入信号输出至 Q 端。

步骤 2：根据四人抢答器的电路原理图及 74LS175 芯片的功能，可分析出该抢答器的工作原理：电路复位后，由于四 D 触发器的输入端接地，即 D_1-D_4=0，因此输出端 Q_1-Q_4=0（低电平），发光二极管均不亮，而 $\overline{Q_1}$-$\overline{Q_4}$ =1（高电平）经过两级与非门 G_1、G_2 送达与门 G_3 的仍然是高电平。此时，由脉冲信号能经过 G_3 送到 CP 端，为触发器提供上升沿触发信号，电路进入工作状态。当抢答按键 S1～S4 中任意一个最先被按下时，假设 S1 先按下，则+5V 高电平接到 D_1 端，即 D_1=1，在脉冲信号上升沿到来时，Q_1 输出也变成高电平，对应的发光二极管点亮，而 $\overline{Q_1}$ 变为低电平，送达 G_3 的信号也变成低电平，因此，脉冲信号不能再经过 G_3 送到 CP 端，此时即使再按下其他按键，触发器也不会再动作，直到电路复位后，才可以进行下一轮抢答。

五、学习任务评价

将本次学习任务的评价填写在表 8-10 中。

表 8-10　学习任务评价表

姓名：＿＿＿＿＿＿＿＿　班级：＿＿＿＿＿＿＿　实训日期：＿＿＿＿＿＿＿＿

任务名称							
评价项目	内容	评价标准		配分	自评	组评	师评
应知	1. 时序逻辑电路的概念，触发器、计数器、寄存器的基本知识	（1）掌握 20 分；（2）熟悉 12 分；（3）了解 8 分；（4）不知道 0 分		20			
应会	2. 工作态度	（1）态度好、认真者 5 分；（2）较好 3 分；（3）差 1 分		5			
	3. 资料收集	（1）会收集相关资料；（2）分析和理解资料		20			
	4. 分析四人抢答器的工作原理	（1）能运用学过的知识；（2）回答正确		50			
	5. 安全文明操作			5			
	6. 核定时间	每超过 5 分钟扣 5 分					
得分				100			
	总分＝自评×20%＋小组评×30%＋教师评×50%						
自我小结							

任务二 认识 555 定时器应用电路

一、任务描述

经过任务二的学习，我们知道作为触发器同步信号的时钟脉冲非常重要，许多电路都要有时钟脉冲信号才能正常工作，那么脉冲信号从哪里来或者说是如何产生的呢？脉冲信号发生器正是一种能够产生脉冲信号，并且可以调整脉冲的大小和频率等参数的电路。图 8-33 所示是一个由 NE555 芯片与电阻、电容组成的简单应用电路。请你查找 NE555 芯片的资料，分析这是一个什么应用电路以及它的工作原理。

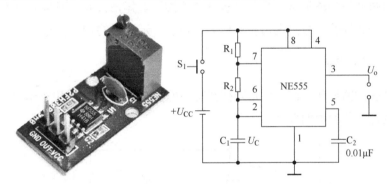

图 8-18 555 应用电路及原理图

二、任务分析

作为协调电路中各器件在同一时刻动作的同步信号，时钟脉冲信号在许多电子产品、设备上都存在，比如各种汽车的微控制器电路、电子计算机、手机、遥控器等，如果产生时钟脉冲信号的电路出了故障，无法提供时钟脉冲或者提供的时钟脉冲不正常，那么电子产品、设备也会瘫痪或者工作异常。在本任务中，我们将认识常见的脉冲信号产生和整形电路，还要学习了解 555 芯片的有关知识。

三、知识储备

（一）脉冲信号

脉冲信号从广义上讲，凡是非正弦规律变化的电压或电流信号都可称为脉冲信号。脉冲信号是一种离散信号，形状多种多样，与普通模拟信号（如正弦波）相比，波形之间在时间轴不连续（波形与波形之间有明显的间隔）但具有一定的周期性是它的特点（图 8-19）。脉冲信号可以用来表示信息，也可以用来作为载波，比如脉冲调制中的脉冲编码调制（PCM）、脉冲宽度调制（PWM）等，还可以作为各种数字电路、高性能芯片的时钟信号。

1. 常见脉冲信号

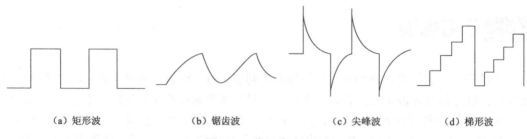

（a）矩形波　　　　（b）锯齿波　　　　（c）尖峰波　　　　（d）梯形波

图 8-19　常见脉冲波形

最常见的脉冲信号波形是矩形波（也就是方波）。矩形波和尖脉冲可以作为自动控制系统的开关信号或触发信号，锯齿波可作为电视机、示波器的扫描信号。

2. 脉冲信号的参数

虽然各类脉冲的形状不同，但是表征其特性的主要参数通常是相同的，以图 8-20 所示电压脉冲为例说明各参数的含义：

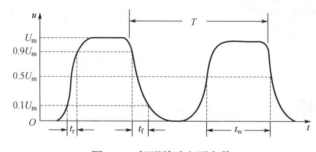

图 8-20　矩形脉冲主要参数

（1）脉冲幅值 U_m，表示脉冲电压的最大值，其值等于脉冲底部至脉冲顶部之间的电位差，单位为 V（伏）。

（2）脉冲上升时间 t_r，表示脉冲前沿从 $0.1U_m$ 上升到 $0.9U_m$ 所需的时间，单位主要有 s（秒）、ms（毫秒）、μs（微秒）。t_r 越小表明脉冲上升越快。

（3）脉冲下降时间 t_f，表示脉冲后沿从 $0.9U_m$ 下降到 $0.1U_m$ 所需的时间。其数值越小，表明脉冲下降得越快。

（4）脉冲宽度 t_w，从脉冲前沿 $0.5U_m$ 到脉冲后沿 $0.5U_m$ 之间的时间。其值越大，表明脉冲出现后持续的时间越长。

（5）脉冲周期 T，指相邻两个脉冲波对应点之间的间隔时间，其倒数为脉冲的频率 f，

即 $f=\dfrac{1}{T}$。

脉冲信号的获取，通常有两种方法：脉冲产生电路、脉冲整形电路。

（二）脉冲产生电路

多谐振荡器有两个暂稳态，在接通电源后，不需要外加触发信号，就能在两个暂稳态之间自行转换，直接产生一定频率和一定宽度的矩形波脉冲信号，所以又叫无稳态电路。由于矩形波中含有丰富的多次谐波，故称多谐振荡器。广泛用于脉冲信号发生器，作为脉冲信号源及时序电路中的时钟信号。

1. RC 耦合多谐振荡器

如图 8-21 所示，RC 耦合多谐振荡器是由两个非门 G_1、G_2 连成阻容耦合的正反馈电路。

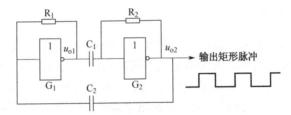

图 8-21　RC 耦合多谐振荡器电路

RC 耦合多谐振荡器基本工作原理：

（1）第一暂稳态：接通电源后，由于电路两个非门必然存在差异。假设 G_2 的输出电压 u_{o2} 比 G_1 输出电压 u_{o1} 高一些，经过正反馈过程最终使 G_1 输出低电平（0 态），G_2 输出高电平（1 态），进入第一暂稳态。

（2）第二暂稳态：由于电容 C_1、C_2 的充放电，最后使 G_1 输出高电平（1 态）、G_2 输出低电平（0 态），进入第二暂稳态。

（3）G_1 输出高电平时，将通过 R_1 对 C_2 充电，导致 G_1 的输入端电位逐渐上升。电容 C_1 则通过 R_2 放电，G_2 的输入端电位逐渐下降，最后使电路又从第二暂稳态返回第一暂稳态。

此后电容 C_1、C_2 不断充电、放电，非门 G_1、G_2 持续不断地翻转，产生矩形脉冲，图 8-22 所示为该电路的工作波形。

RC 耦合多谐振荡器输出矩形脉冲的周期由电容充、放电的时间常数决定，当 $R_1=R_2=R$、$C_1=C_2=C$ 时，振荡周期可以估算为 $T\approx1.4RC$。

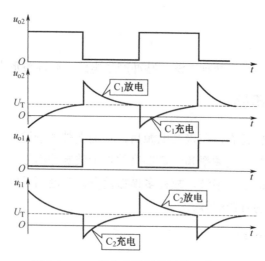

图 8-22　RC 耦合多谐振荡器的工作波形

2. 石英晶体多谐振荡器

石英晶体振荡器又名石英谐振器，简称晶振，是利用具有压电效应的石英晶体片制成的。这种石英晶体薄片受到外加交变电场的作用时会产生机械振动，当交变电场的频率与石英晶体的固有频率相同时，振动便变得很强烈。利用这种特性，石英谐振器取代了 LC（线圈和电容）谐振回路、滤波器，应用于家用电器和通信设备中。图 8-23 所示为石英晶振构成的电路图。

石英谐振器具有极高的频率稳定性，其频率稳定度在 $10^{-4} \sim 10^{-12}$ 范围内，故主要用在要求频率十分稳定的振荡电路中作谐振元件。

比如，为了获得频率稳定度更高的时钟脉冲，可以由一个石英晶体振荡器和两个非门构成的石英晶体多谐振荡器，如图 8-24 所示。

图 8-23　石英晶振

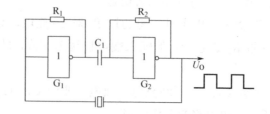

图 8-24　石英晶体多谐振荡器

（三）脉冲整形和变换电路

理想的脉冲信号，它的波形应当符合指定的要求，比如方波，它的上升时间、有没有过冲等等都根据实际应用提出要求的。而在信号传输过程中波形会走样的，如过冲太大，上升时间太长、拖尾甚至叠加了别的东西。整形就是通过放大、削波等办法让脉冲波形符合要求。

1. 单稳态触发器

单稳态触发器是一种只有一个稳定状态的触发器。无外加触发信号时，电路保持稳定状态，只有在外来触发信号作用下，电路才由原来的稳态翻转到另一个状态，但这一状态是暂时的，故称为暂稳态或暂态。经过一段时间后，电路将自动返回到原来的稳定状态。图 8-25 所示，是一种由与非门组成的单稳态触发器。

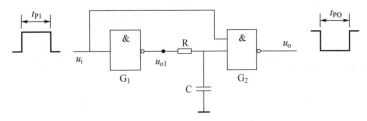

图 8-25　由与非门组成的单稳态触发器

单稳态触发器的应用：

（1）脉冲信号整形，把波形不规则的脉冲信号输入到单稳态触发器，在输出端获得具有一定的宽度、幅度、前后沿都比较陡峭的矩形脉冲信号，如图 8-26 所示。

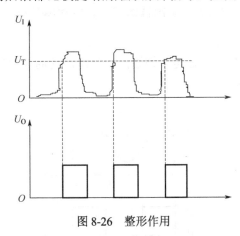

图 8-26　整形作用

（2）脉冲信号延时，单稳态触发器在输入信号 U_I 的下降沿被触发，输出一个正脉冲。输出信号的下降沿比输入信号的下降沿延迟了 T_w 时间，如图 8-27 所示，改变 RC 时间常数可改变延时时间。

（3）定时控制，利用电路的暂稳态脉冲信号可控制电子开关在规定时间动作，达到定时的目的，如图 8-28 所示。单稳态触发器可用于自动熄灭路灯、电子相机延时自动拍照等电路。

2. 施密特触发器

施密特触发器是一种靠输入触发信号维持的双稳态触发器，其特点是：电路具有两个稳态。当输入信号电平升高至上限触发电平时，电路翻转到第二稳态；当输入信号电平降低至下限触发电平时，电路就由第二稳态返回第一稳态。其电路结构和符号如图8-29所示。

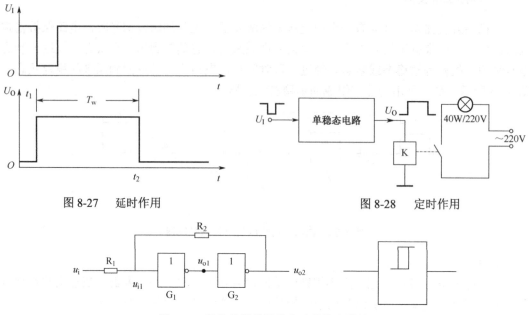

图 8-27　延时作用　　　　　　　　图 8-28　定时作用

图 8-29　施密特触发器的电路结构和符号

施密特触发器的应用：

（1）波形变换。施密特触发器可以把边沿变化缓慢的周期性信号变换为边沿很陡的矩形脉冲信号，如图8-30所示。

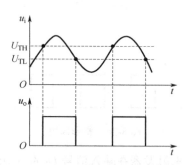

图 8-30　施密特触发器波形变换

（2）脉冲整形。当脉冲信号在传输过程中受到干扰使波形变坏时，可应用施密特触发器来整形，如图8-31所示。

（3）幅度鉴别。由图8-32可见，若将一系列幅度各异的脉冲信号加到施密特触发器的输入端时，只有那些幅度大于 U_{TH} 的脉冲才会在输出端产生输出信号。

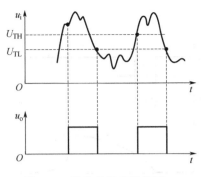

图 8-31　施密特触发器整形

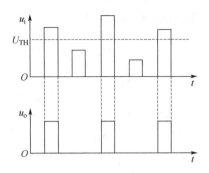

图 8-32　施密特触发器鉴别

3．555 定时器

555 定时器是美国 Signetics 公司于 1972 年研制的用于取代机械式定时器的中规模集成电路，因输入端设计有三个 5kΩ 的电阻而得名。555 定时器成本低，性能可靠，只需要外接几个电阻、电容，就可以实现多谐振荡器、单稳态触发器及施密特触发器等脉冲产生与变换电路。它也常作为定时器广泛应用于仪器仪表、家用电器、电子测量及自动控制等方面。555 定时器的引脚及内部电路框图如图 8-33 所示。

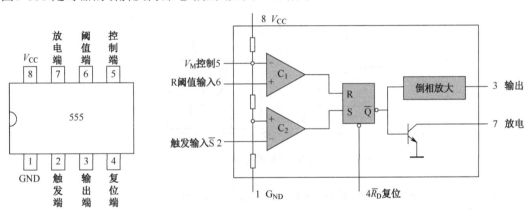

图 8-33　555 定时器的引脚及内部电路框图

它内部包括两个电压比较器，三个等值串联电阻，一个 RS 触发器，一个放电管 VT 及功率输出级。两个比较器 C_1 和 C_2 各有一个输入端连接到三个电阻 R 组成的分压器上，比较器的输出端接到 RS 触发器上。输出级的驱动电流可达 200mA。

555 定时器的应用：

（1）作单稳态触发器，如图 8-34 所示，接通电源后，V_i 未加负脉冲时，输出为低电平，即 $V_o = 0$，这是电路的稳态。在 $t = t_0$ 时刻 V_i 负跳变，而 $V_C = 0$，所以输出 Vo 翻为高电平，VT 截止，C 充电，V_C 按指数规律上升。$t = t_1$ 时，V_i 负脉冲消失。$t = t_2$ 时，Vo 又自动翻为低电平。在 t_w 这段时间电路处于暂稳态。$t > t_2$，VT 导通，C 快速放电，电路又恢复到稳态。电路输出的正脉冲宽度 $t_w = 1.1RC$。

需要注意：电路只能用窄负脉冲触发，即触发脉冲宽度 t_i 必须小于 t_w。

（2）作施密特触发器

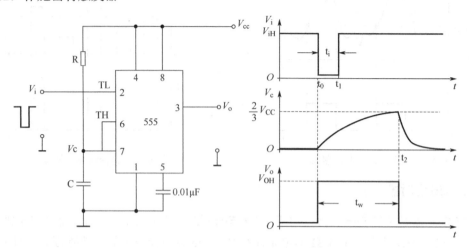

图 8-34　555 构成的单稳态触发器及其工作波形

如图 8-35 所示，当 V_i 由低电平逐渐上升到 $\geqslant \dfrac{2}{3} V_{CC}$ 时，输出跳变为低电平 $V_O=0$；

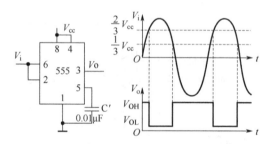

图 8-35　555 构成的施密特触发器及工作波形

当 V_i 由高电平逐渐下降到 $\leqslant \dfrac{1}{3} V_{CC}$ 时，输出跳变为高电平 $V_O=1$；

无论 V_i 上升或下降，当其电位处于中间状态，即 $\dfrac{1}{3} V_{CC} < V_i < \dfrac{2}{3} V_{CC}$ 时，输出 V_O 保持前一稳态值不变。

对于图 8-21 所示的 RC 耦合多谐振荡器，假设电路中 $R_1=R_2=1\text{k}\Omega$，$C_1=C_2=0.1\mu\text{F}$，请你估算电路产生的脉冲信号频率。

算一算

解：（1）当 $R_1=R_2=R$、$C_1=C_2=C$ 时，RC 耦合多谐振荡器输出矩形脉冲振荡周期可以估算为 $T\approx1.4RC=1.4\times(1\times10^3)\times(0.1\times10^{-6})=0.14\text{ms}$。

（2）频率与周期互为倒数，即 $f=\dfrac{1}{T}=\dfrac{1}{0.14\times10^{-3}}\approx7.14\text{kHz}$

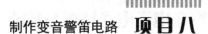

四、任务实施

步骤1：NE555 芯片是采用 TTL 工艺制作 555 定时器，它的工作温度范围为民用级别的 0~70℃。555 定时器的有关知识我们在任务三中学习过了，它的引脚定义、内部结构及功能，我们都了解了。

步骤2：根据所学过的知识，可以分析得出结论，图 8-18 所示的 555 应用电路是一个多谐振荡器。

步骤3：描述 555 多谐振荡器工作原理：接通电源后，假定输出是高电平，则放电管 VT 截止，电容 C 充电。充电回路是 V_{CC}—R_1—R_2—C—地，U_c 按指数规律上升，当上升到 $\frac{2}{3}V_{CC}$ 时，输出翻转为低电平。U_o 是低电平，则 VT 导通，电容 C 放电，放电回路为 C—R_2—VT—地，按指数规律下降，当下降到 $\frac{1}{3}V_{CC}$ 时输出翻转为高电平，放电管 VT 截止，电容再次充电，如此周而复始，产生振荡信号。

该振荡信号的周期 $T \approx 0.7(R_1+2R_2)C$，占空比 $D = \dfrac{R_1+R_2}{R_1+2R_2}$，如图 8-36 所示。

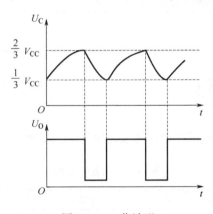

图 8-36　工作波形

五、学习任务评价

将本次学习任务的评价填写在表 8-11 中。

表 8-11　学习任务评价表

姓名：_____　班级：_____　实训日期：_____

任务名称						
评价项目	内容	评价标准	配分	自评	组评	师评
应知	1. 脉冲信号，脉冲产生电路，脉冲整形和变换电路，555 定时器的基本知识	（1）掌握 20 分； （2）熟悉 12 分； （3）了解 8 分； （4）不知道 0 分	20			
应会	2. 工作态度	（1）态度好、认真者 5 分； （2）较好 3 分； （3）差 1 分	5			
	3. 资料收集	（1）会收集相关资料； （2）分析和理解资料	20			
	4. 分析 555 多谐振荡器的工作原理	（1）能运用学过的知识； （2）回答正确	50			
	5. 安全文明操作		5			
	6. 核定时间	每超过 5 分钟扣 5 分				
得分			100			
总分＝自评×20%＋小组评×30%＋教师评×50%						
自我小结						

项目操作指南

步骤 1：识读原理图，根据原理图要求选取各个元器件，如表 8-12 所示。

表 8-12　元器件列表

序号	分类	名称	型号规格	数量
1	P_1	电池盒		1
2	LED	发光二极管		1
3	VT	晶体管	8850/ 9015	1
5	C_1	电解电容	1μF/ 16V	1
7	C_2、C_3		0.01μF/16V	2
8	R_1、R_3、R_5、R_6	电阻	1kΩ	3
	R_2		1MΩ	1
	R_3		47kΩ	1
9	LS_1	扬声器	8Ω/2W	1
10	U_1、U_2	集成电路	NE555	2

步骤 2： 元件安装及连线。

1. 元件检测、整形。

2. 元件安转、焊接与连线，安装好的变音警笛电路如图 8-37 所示。

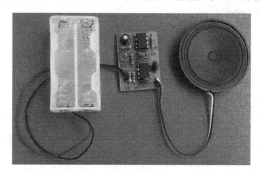

图 8-37　安装好的变音警笛电路

步骤 3： 检测电路。

1．通电前检查

（1）对照电路原理图检查电源正负线的连接；滤波电容的连接极性；指示电路发光二极管的连接；三极管的引脚连接等。

（2）重点是两个 555 芯片的引脚顺序及连接线路的检查。

2．通电检测电路

（1）检查元件及连线安装正确无误后接通电源。

（2）观察电源指示发光二极管是否正常点亮。

（3）检测 C_1 两端直流电压应为 5~6V。

（4）用示波器观测 U_1 的 2 脚及 3 脚的端电压波形。

（5）用万用表测量 NE 555 集成电路各脚电压，填入表 8-13 中。

表 8-13　555 各脚电压

检测点	1	2	3	4	5	6	7	8
U_1								
U_2								

步骤 4： 调试电路。

通过识读原理图得知，U_1 及 R_1、R_2 和 C_2 组成振荡频率为 0.5Hz（周期为 2s）的矩形波振荡器；U_2 及 R_3、R_4 和 C_3 组成中心频率为 550Hz 的多谐振荡器。U_1 振荡输出矩形波经 R_6 送 U_2 的 5 脚，对 U_2 振荡器的输出频率进行调制。当 U_1 的 3 脚输出低电平时，U_2 输出信号频率升高；当 U_1 的 3 脚输出高电平时，U_2 输出信号频率降低。这样，扬声器就发出"呜—哇—呜—哇"的警笛声。

所以只要改变 R_1、R_2 或 C_2 数值，就能改变警笛声的节奏；只要改变 R_3、R_4 或 C_4 数值，就能改变警笛声的音调。

课后拓展

一、填空题

1. 组合逻辑电路的特点是_____。

2. 编码和译码互为_____。

3. 要把 $Y_0 \sim Y_{12}$ 13 个信号编成二进制代码，至少需要_____位二进制数码。

4. 时序逻辑电路是由_____和_____组成，是一种具有_____功能的逻辑电路。

5. 按逻辑功能分，触发器主要有_____、_____、_____和_____四种类型。

6. RS 触发器按结构不同可分为无时钟输入的_____触发器和有时钟输入的_____触发器。

7. 具有 3 个触发器的二进制计数器，它有_____种计数状态。

8. 通常把瞬间突变、作用时间极短的_____或_____称为脉冲信号。

9. RC 耦合多谐振荡器输出脉冲的振荡周期 $T \approx$ _____，广泛用作_____。

二、选择题

1. 下列给定选项中不属于组合逻辑电路的是（   ）。

   A. 译码器　　　　B. 编码器　　　　C. 加法器　　　　D. 触发器

2. 将十进制数的 10 个数字 0～9 编成二进制代码的电路称为（   ）。

   A. 8421BCD 码编码器　　　　　　B. 二进制编码器

   C. 二—十进制编码器　　　　　　D. 优先编码器

3. 三位二进制编码器输入信号为 I_3 时，输出 Y_2、Y_1、$Y_0 =$（   ）。

   A. 100　　　　B. 110　　　　C. 011　　　　D. 101

4. 下列电路中不属于时序逻辑电路的是（   ）。

   A. 同步计数器　　B. 数码寄存器　　C. 译码器　　　　D. 异步计数器

5. 触发器的 $\overline{S}_D$ 端称为（   ）。

   A. 置 1 端　　　　B. 置 0 端　　　　C. 复位端　　　　D. 置位端

6. 多谐振荡器是一种（   ）。

   A. 矩形波整形电路　　　　　　　B. 锯齿波振荡电路

   C. 尖脉冲形成电路　　　　　　　D. 矩形波振荡电路

7. 多谐振荡器工作状态（   ）。

   A. 具有两个稳态　　　　　　　　B. 仅有一个稳态

   C. 仅有两个暂稳态　　　　　　　D. 有一个稳态，有一个暂稳态

三、判断题

1．七段共阴性数码管要显示"2"，则 a～g 引脚电平应为"1101101"。 （　　）
2．2线—4线译码器有 2 条输入线，4 条输出线。 （　　）
3．基本 RS 触发器输入信号 $\overline{S}$ =0、$\overline{R}$ =1，则输出 Q=0。 （　　）
4．D 触发器的输出状态始终与输入状态相同。 （　　）
5．多谐振荡器没有稳态，因此又称为无稳态电路。 （　　）
6．施密特触发器的状态转换及维持取决于外加触发信号。 （　　）

四、综合题

1．组合逻辑电路的特点是什么？

2．编码器与译码器的工作特点什么？